Edda Vid[...]

TERGESTE

dove regna la Bora

Nativi

Testi
Edda Vidiz

Copertina
Bernardino Nott

Direttore editoriale
Diego Manna

Edito da
Nativi Società Cooperativa
Scala Santa, 65 - 34135 Trieste
www.Bora.La
manna@bora.la

con il contributo di

Tutti i diritti riservati.
Prima edizione: agosto 2018
ISBN 978-88-31908-06-1

*A Renzo Arcon
con tutta la mia gratitudine
per la costruttiva collaborazione
durante i mitici anni di ricerca
nelle "fodere" della Storia di Trieste*

PIANTA DI TRIESTE
SECOLO XIV

1 Torre Beccheria
2 Tor Grande
3 Tor Fradella
4 Pescheria
5 Torri delle Boccole
6 Palazzo del Comune
7 Palazzo della Quarantia
8 Vicedomineria
9 Casa del Podestà
10 Chiesa di S. Pietro
11 Beccheria
12 Bordello
13 Prigioni
14 Loggia Vecchia
15 Chiesa di S. Sebastiano
16 Scuola Publica
17 Casa dei Ranfi

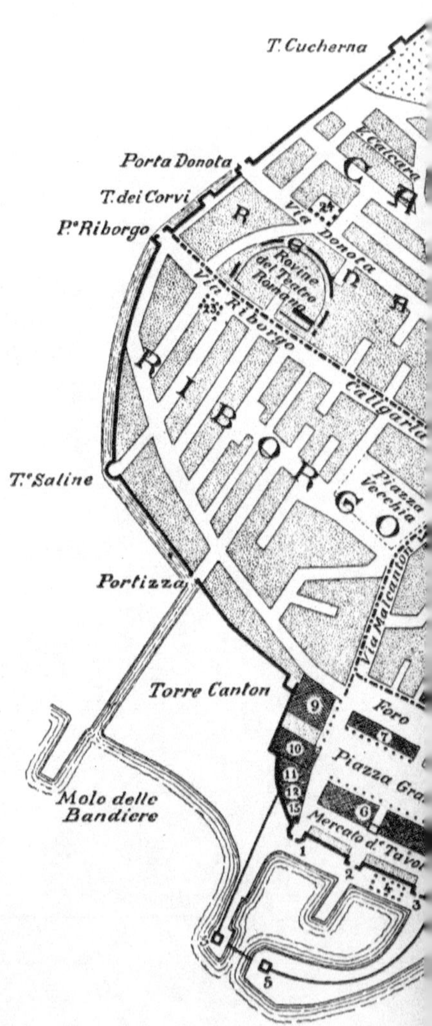

18 Loggia dei Bregenti
19 Arco di Riccardo
20 Chiesa di S. Silvestro
21 Androna Sporcavilla
22 Androna della Pergola
23 Loggia di Riborgo
24 Loggia di Donota
25 Chiesa di S. Martino
26 Chiesa di S. Cipriano
27 Chiesa di S. Lorenzo
28 Chiesa di St. Elena
29 S. Michele in Carnale
30 S. Giusto
31 S. Giov. Battista
32 Chiesa di S. Sergio
33 Chiesa di S.ta Chiara
34 Monastero di S. Benedetto
35 Chiesa di S. Servolo

da G. Caprin, Il trecento a Trieste, LINT

LA GENESI DE TRIESTE:
LA LEGENDA DE MADONA BORA

Un tempo cussì lontan, ma cussì lontan che gnanche mia nona bonanima se pol ricordar, Vento, scorabiando in giro pe 'l mondo coi sui fioi - e Bora, la più bela e la più ben voluda de tuti - el xe capitado in un verde altipian che 'l cascava drito zo in te'l mar.

Stufa de sentir papà vento insegnarghe a far refoli ai fradei più pici, Bora la xe scapolada via per corer a scombussolar i nuvoli più alti del ciel e a zogar coi rami dei alberi, lassando tuti coi nervi a strassino pel zavai che la fazeva. Dopo un poco, stanca de corer de qua e de là, Bora la xe entrada in una grota dove stava riposando l'eroe Tergesteo, un dei Argonauti su la via del ritorno de l'impresa del "Vello d'Oro".

Tergesteo el iera cussì forte e cussì bel e cussì diferente de Vento, de Mar, de Tera e de tuto quel che fin a quel momento Bora gaveva visto e conossudo, che de boto la se ga inamorado. E xe stà subito furia de amor anche per Tergesteo: e i do ga vissudo insieme felici e contenti in quela grota tre, zinque, sete belissimi giorni.

Co Vento el se ga inacorto che Bora iera sparida

el ga scominziado a zercarla tuto infuriado. Zerca de qua, zerca de là, zerca che te zerca - al veder quela rabia tuti i stava femi e cuci - fin a che un de quei nuvoloni neri ingropai e brontoloni, stufo de tuto quel remitur, el ghe ga spiferado 'ndove che iera i do amanti.

Vento xe rivà a la grota, el ga visto Bora intorzolada a Tergesteo, e la sua rabia xe cressuda tanto, ma cussì tanto, che no ve digo e no ve conto. Senza che la disperada Bora podessi in nissun modo fermarlo, el se ga scadenà su Tergesteo sgnacandolo e sbatociandolo contro i muri de la grota, fin a mazarlo. Po, con un refolon de paura, el ga abandonado Bora al suo destin.

Bora pianzeva come 'na fontana e ogni lagrima che ghe cascava zo dei oci la diventava piera e le piere iera tante, ma tante, che ben presto le gaveva coverto tuto l'altipian.

A Tera ghe xe vegnù un gropo in gola nel veder el dolor de Bora. E cussì del sangue de Tergesteo la ga fato nasser la Foiarola, che de quela volta la impignissi de rosso l'autuno in Carso.

Ma Bora ancora no la la finiva de pianzer. Alora Madre Natura, preocupada de tute ste piere che ris'ciava de rovinarghe el logo senza modo de refarlo, la ga permesso a Bora de regnar propio su quel posto e Cielo, per no esser de manco, ghe ga permesso de riviver ogni ano, insieme a Tergesteo, i lori tre, zinque, sete giorni de amor. Alora, e solo alora, Bora la ga ingiotì le sue lagrime.

Anche Adriatico ga volù dar una man e 'l ghe ga ordinà a le Onde de coverzer de conchiglie, stele de mar e verdi alghe el corpo del povero inamorado.

E xe sta cussì che Tergesteo el xe diventando più alto de tuti i montisei che za coverzeva sto cantonzin de mondo e i primi omini rivadi su ste tere se ga alogiado propio su la sua zima costruindo un Castelier co' le lagrime de Bora diventade piere.

Ano drio ano, piera su piera, sto Castelier xe diventa zità, na zità che i omini, ricordando Tergesteo, i ga ciamado Tergeste, ogi Trieste, dove de ani anorum regna Bora: "ciara" co la sta a brazocolo del suo amor, "scura" co la speta de incontrarlo.

Disegno di Sergio Budicin

DOMANDAR XE LECITO, RISPONDER XE CORTESIA

Perchè se ciamavimo Tergeste?

Perchè (qua lo digo e qua lo nego) co le Centurie romane xe tornade indrio de Monte Muliano co' le pive nel saco (vedi pagine seguenti), i Senatori del SPQR se ga intaià de bruto e, ancora de più, ghe xe saltà la mosca al naso co i se ga inacorto che sti cudic' de mati, che li gaveva onti, no i gaveva mai pagà tasse a Roma! Cussì, i ga pensado ben de mostrarghe i denti e i ghe ga rimandà indrio no un per de Centurie, ma un'intiera Legion con tanto de aquila, aquilifero, legionari e centurioni, per farghe spudar le pecunie co' tuti i aretrati.

Ma se solo i gavessi leto l'Eneide i gaveria podudo inacorgerse che sti Muliani i iera 'ssai chismomì e pieni de boria come i cugini de Roma, perchè no i iera miga dele tare, ma gnentepopodemanco che Troiani, migradi de ste parti dopo la distruzion de Troia.

"Perchè po dovemo pagar le tasse noi, che semo de antica stirpe, a voialtri che, se no gavessi rapì le Sabine, ve staria ancora a far pipe?" ghe ga dito, tuto ofeso, el Governator dei Muliani a l'ambassiador de l'Urbe.

Co' la ganassa impirada, brazi al fianco e 'l peto in fora quel de Trastevere ghe ga risposto: *"Perché noi semo romani de Roma, e gavemo messo i pìe in sto Stival prima de voi! E chi prima riva meio alogia e, per Jupiter, chi xe paron comanda!".*

"Cossa, cossa?" ghe ga fato el Governator, vardando el Romoleto de l'alto in basso: *"I siori Troiani i xe ben più antichi de quei che xe ogidì i siori Romani! E dato che anzianità fa grado e che non xe giusto né lecito che 'l pare devi umiliarse verso el fio, girè i tachi e smamè via de le nostre tere!".*

No lo gavessi mai dito! Drio de aquila e de aquilifero ghe iera tanto de legionari e centurioni e soldai cagai de paura int'ele braccas che, se anche l'Historia natural disi che "un omo val cento e cento no val uno", podè indovinar chi sta volta ga fato Bingo!

E cussì l'Ambassiador, con grando vanto, ghe ga scrito ciaro e tondo a Cesare:

"Ave Caesar,
*Veni, vidi, vici... poco! Hic pecunie nix, autem omnibus homeni scampando mostraverunt **terga et gestum** tam quam homo che impica ombrela su brazo (...)"*

[Traduzione patoca: Vignù, visto, vinto poco! Qua no xe pila ma tuti i omini, scampando, i me ga mostrado el daur e un gesto come a dir qua se impica l'ombrela.]

Gnanca dir che Cesare no'l ghe ga dito gnente al SPQR e no'l ga volù più sentir nominar la parola Muliano, e dato che ghe piaseva far anagrami, el ga rinomà la cità **TERGESTUM** (in dialeto Tergeste) e i Muliani li ga ciamai **MULI**! Per quanto riguarda l'Ambassiator el xe sta promosso a capo dei svodabucai del Foro Imperiale.

Perché se ciamemo Trieste?

Nei Statuti del 1350 in bon latinorum la cità xe ciamada Tergeste, e cussì la xe scrita nei documenti de la pase de Torino del 1381.

Ma, proprio dopo la pase de Torino, i tergestini ga congegnado ben che anche se "un tergestin val cento veneziani e cento veneziani no val un tergestin" xe meio (o meno pezo) zercar protezion de foravia e, dato che l'Austria iera Felix e Leopoldo III iera el Lodevole, el 30 setembre 1382 i ghe ga domandado a sto mato de Asburgo de diventar el Signor de Tergeste!

Gavè capì sì o no? I tergestini xe stadi cussì grandezoni de regalar una cità piutosto che spender per una cravata o un portaciave! Ma se sa, roba de Comun roba de nissun!

A Leopoldo, che iera austriacan sgaioto, l'afar ghe spuzava fadiga, anca perchè el gaveva za provà a tegnirla ma, visti i radighi avudi coi tergestini (a dita de tanti "mezi ladri e mezi assassini") el ghe la gaveva subito risbolognada a Venezia.

Tira e mola, a la fine Ugone de Duin, che'l iera un intrigacarte de bruto, lo ga convinto con quela che: *"La cità sì la xe 'ssai triste, ma la vedarà in futuro, che roba! Roba de lusso, forastieri a biondodio...*

la ga anca el mar..." e cussì contandoghela, el ghe ga ficado l'acetazion fra le carte de firmar!

In quel che Leopoldo firmava, ghe xe cascà l'ocio sul nome Tergeste e'l se ga intaià: *"Waß ist diese name Tergeste?"* e Ugone *"Ma, duca mio, xe'l nome de la città triste che i ghe sta regalando!"*.

"Ah no, basta latinorum a casa mia! Mi son teutonico e parlo austriacan e Triste, me sa più de gnoco! No cori spender per altra pergamena, coregio mi de solo!". Ma, un fià cisbo che'l iera, coregendo ghe xe sbrissada una "e" e xe andada cussì (o quasi), che per un eror de caligrafia, Tergeste se ga ciamà Trieste!

EDDA VIDIZ

STORIA DEI TEMPI ANDAI CO'LA ESSE GRANDA (2118 a.C. - 1295 d.C.)

'Ssai vecia xe sta cità de Trieste, in tempi andai ciamada Tergeste, dato che za prima che se parlassi de "storia" i caciatori i se rifugiava ne le sue grote e i primi pastori i costruiva sule coline in giro i lori "castelieri". Per sentido dir, par che a Tergeste i "Argonauti" i se sia fermadi a riposar propio qua, tornando a casa dopo gaver grampà in Colchide el "Vello d'oro", e che i scampai de Troia i gabi scominziado in sti loghi 'na nova vita e, sempre stando

Cesare dell'Acqua. *Gli abitanti festeggiano il passaggio degli Argonauti*. Sala storica del Castello di Miramare.

a la legenda, i gabi fondado 'na colonia, ciamada Monte Muliano, la qual per el suo orgolio e'l suo coragio la gabi lassà a boca 'verta fintaimò che el Senato Roman. Po de i Castelieri al Campidoglio el passo xe sta' curto.

Romolo no gaveva gnanca tacado i manzi a l'aratro per scavar el fatidico solco de Roma, che noi tergestini za metevimo su piera su piera, per costruirse senza tanta fadiga - dato che in Carso piere e pierete no manca - le prime abitazioni, proprio sul montisel de San Giusto.

In un programa dela tele "La macchina del tempo" un per de ani fa i ga dito che pareria (sic!) che'l diluvio universal ne xe capitado el 23 setembre de l'ano a. C. 9045.

Ma sicome a noi tergestini no i ne la fica, el storico Vincenzo Scussa za nel 1600 e ciapilo (lu iera nato nel 1620) el ga lassà scrito una *Cronologia de Tergeste*, publicada nel 1863, che ne iluminava cussì:

"Tergeste xe stada fondada dei pronipoti de Noè. Tuto questo nasseva tre ani dopo el remitur de le lingue nela tore de Babele, che xe scominciada 278 ani dopo el diluvio, come a dir 1934 ani de la creazion del mondo. E semo rivai a 72 ani prima dela morte de Noè, 937 ani prima de la distruzion de Troja, 1368 ani prima che Romolo tacassi i manzi a l'aratro - come a dir la nassita de Roma (che xe stada nel 753 a.c.) - e per dirla ciara e neta trovemo che Tergeste xe stada fondada 2118 ani prima de la nassita de Cristo."

Insoma, se i conti ne torna, giorno più giorno meno, in sto 2018 Trieste festegia un futìo de ani, come a dir che podessimo andar in Piaza Unità a sufiar su 4136 candeline, roba de vinzer finalmente un Guinness dei Primati.

Ben bon, mi no so ben tegnir i conti come ne la conta el Vincenzo, ma tornemo a 2819 ani de la creazion del mondo, co xe passai per de qua Giasone e i sui compari argonauti (quei de la storiela del *vello d'oro*, che no starò a contarvela) e a un de lori, un tal Tergesteo, ghe ga piasso tanto sto posto che'l ghe ga dito ai altri andè pur vanti che mi resto qua (pura legenda preistorica!).

Orpo, go perso qualche conto, ma de squasi certo xe che verso el 300 a.C. xe caladi zo del Nord Europa i celti Carni e Catali, che se ga miscià coi greghi, che za gaveva qua na base pe'l comercio coi Paesi del Nord, squasi sicuro per l'ambra.

Dopo xe rivai i Romani e de qua scomincia la Storia co'la S granda - val a dir quela vera - perchè trovemo finalmente qualcossa de scrito, prima sui

Cesare dell'Acqua. *Livia alle vendemmie del Pucino.*
Sala storica del Castello di Miramare.

marmi de le tombe (ma me sa che i scrivessi bugie perchè chi xe morto, come se disi: *de tanto bon che'l iera el xe finido in caponera*), po su la pele de pecora, fin rivar a la carta, ai libri e più tardi ancora a veri documenti de archivio.

Fato sta che sti romani i xe rivai qua perchè i Istri ghe dava fastidio e cussì Mario Vulsone, nel'ano 179 a.C., sbarca vizin de Zaule e dopo na batalia che za pareva persa, vara là che culeto, el vinzi: de 'lora se pol dir che se scomincia a parlar de Tergestum, la Tergeste romana.

Ma pareria anche (per i fati de le nostre parti trovar qualcossa de zerto prima che Cristo ne insegnassi de esser cristiani xe radighi) che nel 128 a. C. i Romani gabi fato un gireto de le nostre parti, ma che la ghe sia 'andada per tresso perchè in quei tempi pareria che Tergeste se ciamassi Monte Muliano e che sti, ciamemoli *muli*, i iera 'ssai pieni de sè e anche pieni de voia de menar le man.

Fato sta che, co i romani i ghe ga dito: "Man in alto", sti muli de ribatin ghe xe saltai 'dosso perchè, finalmente, i podeva sbarufarse con qualchedun altro e no solo co' la suocera e, per sora, gaverla anche vinta! Vero su, vero zo, ma come se disi in cicara: *degno di nota!*

Passa i ani e quei del "SPQR" no li ferma più nissun! Ma la ne va ben perchè durante l'impero la città de Tergeste cressi e la diventa Municipium, che ogi saria Comùn o, parlando s'ceto, Palazo Cheba (dato che'l palazo somilia a una colombera).

Città de tuto rispeto, insoma, tanto che Augusto, zirca ne l'ano 32 d.C. ghe refa i muri per farla più forte.

G. Lorenzo Gatteri. *I romani sconfitti in valle di Sistiana dalla gente di Monte Muliano.* Litografia, 1863.

Dopo l'ano 140 d.C., finalmente i Carni e i Catali diventa citadini romani grazie a Fabio Severo, un senator triestin a Roma, anche bravo perchè subito i tergestini i ghe ga fato un monumento a caval che xe sta messo a San Giusto, ma che 'desso xe ani e anorum che no se lo vedi più gnanche a Nadal.

A. Rieger. *La città di Trieste diventa colonia romana.*

Intanto scominciava a moverse tante tribù che viveva vizin l'Impero e tute piene de fame de lavor e de civiltà.

El famoso storico triestin Pietro Kandler ga scrito che i Slavi riva ne la Slovenia de ogi ne l'ano 548 d.C., ma va a saver dove che el ga trovà sta notizia... sicuro xe che dopo riva i veri barbari, i Longobardi.

Vincenzo (quel de prima) inveze scrivi che ne l'ano 547 'sti Longobardi disfa Tergeste... e prima?

Xe secoli 'ssai scuri, no xe documenti. Tergeste fazeva parte de l'Impero de Bisanzio e la dipendeva de Ravenna dove iera ormegiada la flota.

I Tergestini i iera considerai gente de confin (semo a le solite!) e per sta ragion incaricai de formar un picio esercito, el Numerus, per difenderse dei barbari. Ma i Longobardi, chi li gaveria fermai? Gnente paura, se trova sempre chi xe pronto a dar una piada!

Famiglia longobarda

Dito, fato: stava nassendo el regno dei Franchi, che presto el xe diventà 'ssai potente specie con Carlomagno, un grandezon che'l se ga regalà un Impero, e per de sora, anca sacro!

E cussì, dato che tuti sti Asterix e Obelix voleva vignir in Italia, i ga tacà a cantar *Allons enfants de la Patrie* e co' sta scusa i se ga messo contro i Longobardi, i li ga ben conzai per le feste, e i xe rivadi presto anche lori a meter pìe a Tergeste.

De quel tempo gavemo un documento importante: el Placito del Risano de l'ano 804. Istriani e Tergestini, una volta tanto d'acordo, i se lamentava perché i Franchi fazeva vignir altra gente, tuti pagani, nele campagne spopolade e lora i ambassiadori de Carlomagno i ga dito faremo, senz'altro metermo tuto a posto noialtri (propio come ogi): e tuti xe stai bechi e contenti.

Dopo Carlomagno tuti sa che l'Impero se ga diviso e quela parte de mezaria, co la Germania e l'Austria e altre tere ancora, xe restada col nome de Sacro Romano Impero e lo gavaremo in mezo per un mucio de secoli.

Fato xe che l'Imperator Lodovico, ne l'ano 844,

G. Gatteri. *Trecento tergestini salvano la vita a Berengario duca del Friuli, vinto alla Trebbia dal duca di Spoleto.*

ghe fa grandi regali ai Vescovi de Tergeste, e no xe finida qua: ne l'ano 948 Lotario ghe regala 'diritura la città e de quela volta per tanto tempo i Vescovi xe restai come Signori de Tergeste. Consolemose pensando che i tergestini i se fazeva onor: ne l'ano 880, ben 300 tergestini difendi l'imperator Berengario in 'na batalia contro el duca de Spoleto. Cossa diavolo Berengario el iera andà a far là, i tergestini se domanda ancora ogi .

Tuta la storia de Tergeste de quei ani fin a la fin del 1200 xe storia dei vescovi: un Imperator, Enrico, conferma i regali che ghe gaveva fato Lotario, ma sti nostri vescovi in realtà dipendeva dei Patriarchi de Aquileia che i iera diventadi una potenza perchè i gaveva possedimenti dapertuto: del Tirolo fin a l'Istria. Ne l'ano 1236 un vescovo, Giovanni, pien de debiti, comincia a venderghe ai tergestini la libertà de governarse senza de lu': xe un precedente ma no dura. Ne l'ano 1280 i tergestini, che come tanti de lori che vivi sul mar i fazeva anca i pirati, ciapa Caorle e i la svoda portandose drio anca el Podestà. A la fine del Duecento, verso l'ano 1291, i Veneziani fa guera a Tergeste e, dopo un lungo assedio, i la ciapa per fame.

I Veneziani no trata col vescovo ma coi citadini e cussì, in un certo modo, i riconossi che la città xe un picio Stato indipendente: un comùn come tanti de quel tempo in Italia o, se volemo far i figheti, una Città Stato come quele ne l'antica Grecia.

De fato ne l'ano 1295 el vescovo Brissa di Toppo vendi a la città i ultimi poteri che el gaveva e 'l primo podestà xe un conte de Gorizia: Enrico.

Eco qua un ritrato de Podestà triestin de quei ani, disegnà ben pulito a man de 'l Kandler. No savemo se 'l xe propio quel Richeto, ma contenteve cussì perchè, gente mia, meio poco che gnente.

CHI NO GA PAURA CORI PERICOLO
(intorno del 1200)

Nei primi ani del 1200 Gerusaleme la iera in man dei musulmani che governava anca l'Egito. Sicome i europei voleva comerciar e far i pelegrini senza pagar dazio, i ga ben pensà de 'ndar zo a disbratar tuto. Cussì xe nate le crociate. Quela che a noi ne interessa la xe stada imbastida del fio de Federico Barbarossa, famoso per le guere co la Lega Lombarda. Iera l'ano 1201 e i crociati no saveva come 'ndar fin la zò in Palestina. Pensa che te pensa i ga 'vù la bula pensada de 'ndar pel mar. Ve podè imaginar sti mati 'ndar per mar? Mi digo che i ga butà fora anca l'anima e, probabilmente, i se ga cussì incativì de sta malignasa de idea, che persin i tergestini i la ga pensada giusta prima de darghe el solito ribatin: "No se pol!"

Scartadi, el Signor solo sa perchè, i porti de Marsiglia e Genova, i principi che comandava tuti sti cavalieri francesi, piemontesi, tedeschi e de altri loghi, ga pensà che iera meio partir de Venezia tanto più che el doge Enrico Dandolo ghe fazeva pagar de meno, fazendoghe un bel sconto tipo comitive... però, come in tante agenzie viagi, el truco ghe iera.

I veneziani gaveva tante pierete ne le scarpe che

i voleva cavarse dato che le citadine dell'Adriatico, che lori voleva gaver come un mar tuto suo, sovente no le pagava quel che i veneziani domandava, no li iutava contro i pirati dalmati e no le se inginociava davanti el Doge. In più, l'imperator de Costantinopoli no ghe iera per gnente simpatico: question de bori, come sempre.

A le curte, Enrico Dandolo tampargnam, ghe ga dà un ruc per mar ai crociadi, in scambiada de una "ripassadina de avertimento" a le città de le rive de l'Adriatico, al scopo che le se tegnissi ben in amente de star ai sui ordini. E cussì xe sta.

I Veneziani i imbastissi la più granda flota mai vista de ste parti e i passa de na città a l'altra, scominciando de Piran, che la ghe iera a tiro de s'ciopo (anca se in quela volta i s'ciopi no i iera ancora stadi inventai), pretendendo che tute giuri fedeltà al doge e magari tiri fora bori per l'impresa.

E Tergeste? Come tute le altre città de mar de la costa oriental de l'Adriatico, anca Tergeste, e forsi più de le altre, la iera orgoliosa de la sua indipendenza de Venezia, tanto più che 'l vescovo che la comandava in quel

G. Dore. *Il Doge Enrico Dandolo si appresta alla IV crociata.*

tempo dipendeva del Patriarca de Aquileia, che no gaveva in simpatia i veneziani ma, per motivi anca de religion, el doveva star cucio per via de la crociata. E alora, cossa fa i Tergestini? Ne le carte de quela volta, qua tradoto in triestin de ogi, circumcirca cussì sta scrito:

"Partido de Venezia el nostro Signor Magnifico e Glorioso Enrico Dandolo, Doge per grazia de Dio de Venezia, Dalmazia e Croazia - salpado oltre mar per servir tuta la Cristianità - el giorno drio, dopo esser andà fora de Rivolto, co un grando ciapo de barche e de soldai "croce segnadi" el xe rivado a la grande a Piran. Noialtri citadini de Tergeste, vegnui a saver de l'arivo del Doge e Signor, per el pipiu de no esser dignevoli e de perder in 'sto modo el suo favor, gavemo pensà ben de mandar i meio omini de la nostra cità: el Gastaldo Vitale, el giudise Piero Vitale de Bilissima, Natale de Azzo, Voldorico Mesàlt, Artuico Cacarino, Giovanni de Leonardo, Andrea da Marina e tanti altri, a darghe el benvenudo."

Come i se gaveva acordado prima co tuti i citadini, lori i ga giurado de esser noialtri, co tuta la nostra tera, fedeli suditi del Magnifico Doge de Venezia e de obedir a ogni suo comando in ogni ocasion. E cussì per lori, e per noialtri tuti, i ga giurado de mantignir la parola dada e de farla mantignir.

Sicome che 'l Doge iera omo cristianissimo, che gaveva scominciado 'sto viagio per servir Dio e tuta la cristianità, senza più considerar la nostra "malizia", el ne ga ciolto de novo in bona, e 'l ga mandà avanti i nostri ambassiatori, perché i tornassi presto indrio in città a contar che ierimo de novo in suo favor e cussì che fussimo pronti a rizeverlo co tuti i onori.

El Doge xe rivà a Tergeste con un grando ciapo de gente e de "croce segnadi" e noialtri li gavemo rizevudi co tuti i preti e nonzoli vestidi de ciesa, candele impizade e campane che sonava e se gavemo inzinociado al suo comando.

"Enricus Dandolus dei gratia dux venetiarum", ciamadi davanti de lu' i tergestini, ga voludo che i ghe giurassi de rispetar tuto quel che iera sta' scrito sora de la Carta e domandado a noialtri de Tergeste:

"Primo: che tuti i citadini de 'sta città e teritorio i giuri de esser fedeli al Serenissimo Doge de Rivoalto e a tuti quei che vegnerà dopo de lu';

Secundo: che tuti i citadini de la Serenissima e le loro robe le sia rispetade e difese su tute le tere de Tergeste;

Tercio: che la città de Tergeste la dia una man, coi soldi che la pol dar, a prontar le galee per la difesa del nostro mar, cussì come che le fa le altre città istriane.

Doverà Tergeste anca dar 'na man a Venezia per bataliar i corsari de 'ste coste fin a Rovigno e quei corsari che i sarà fati prigionieri doverà essere dadi ne le nostre man, a Rivoalto.

In ultimo, el nostro Doge se degna de rizever 50 orne de bon vin, che doverà esser portado a Venezia nel giorno de San Martin, ogni mancanza de far questo ve costerà 100 libre de oro.

"Enrico Dandolo dux Venetiarum", come un bon pare verzerà i sui brazi armadi a protezion vostra senza dismentigar i giusti diriti che 'l Patriarca ga ancora sora de Tergeste!".

Tuta 'sta roba, noi citadini de Tergeste, gavemo giurado con onor e cussì gavemo firmado la Carta davanti ai testimoni de 'sta tratativa: Domenico Dolfin, Jacopo Querini, Jacopo Basilio, Marco Sanudo, Andrea Vallaresso, Almerico Podestà de Costantinopoli, Mateo Saraceno de la istessa cità e tanti altri."

A Tergeste i crociati i riva el 20 de otobre del 1202 e i tergestini, davanti a un esercito enorme, devi piegar la testa e giurar fedeltà a Venezia: e i giura proprio tuti quei omini, che i iera possidenti, tanto che gavemo un documento co tuti i nomi dei mas'ci tergestini che i ghe ga promesso al doge de esser boni e onesti coi veneziani e de darghe anca una man oltra che le solite 50 orne de vin.

Rievocazione storica del 2004: *el Gastaldo de Tergeste consegna la crose dei tergestini ai crociati, per farla benedir in Terasanta*

EDDA VIDIZ

PER NO FARSELA 'DOSSO

Pe darve el gusto de zercar un vostro antenato fra i firmatari de fedeltà al Doge de la Serenissima, ve demo qua i nomi, un per un:

M. de Lazero
Zilius Girardinus
Sergius filius Gaudi
V. de domina Pirina
Blagosit
Darie Pilize
Voldoricus de Gerot
A. gener ejus
Tephanius
Zan de Grumaz
Remenardus
M. Littem.
Joannes Blanco
Timoteus
Carolus, filius Jemme
D. Mesaldo
Al. filius Felicite
Joannes Mancula
Martinus Berta
Zoaldus
B. Piula f. de Andrea
de Margarita
A. de Bonizan
Stojanus Sclauo
P. Magister

Waltram
M. Bragher
Diettericus
Ottonellus
Leonardus Calligar
C. Claba
M. Generus Blagosit
Peruinus
M. de Lazero
Zilius Girardinus
Sergius filius Gaudi
V. de domina Pirina
Blagosit
Darie Pilize
Voldoricus de Gerot
A. gener ejus
Tephanius
Zan de Grumaz
Remenardus
M. Littem.
Joannes Blanco
Timoteus
Carolus, filius Jemme
D. Mesaldo
Al. filius Felicite

F. de Riuola
C. filius Valere
Jo. Glamonaz
Ar. Cacarin
C. Mancula
Al. de Daniel
D. Nepos Triesto
Delpauor
D. Gosoldo
Wocina
P. de Papis
Martinus Zuilet
V. filius Ade
Michel de Lena
Jo. Sclavo
M. de Margarita
M. Mostel
Al. de Cono
Coloman
A. de Topista
Arborius
Leo
Marin Pilipar
Dagongna
Jo. de Rosetta
Dominicus de
Domenico Presb.
E. de Smerada
R. Curiuz
R. Padruz
Niexco
D. filius Hermice
L. Lallo
Leonardus
Gonterus filius Voldorici
Lazerus filius Remenardi
L. de Albingherulus
Bello Capellar
Matth. Mesaltus
Adalgerus
Justus de Walpurga
D. Smuch
Ripaldus de Domadrac

Joannes Mons.
W. Scoda Bor.
Jo de Remedia
Phylip
D. filius ejus
D. Mancula
Dominics Niblo
Gaudius
N. de Zingulis
Leo de Pirina
N. de Pre Weceli
Dominicus de Jema
Nicolaus
A. frater ejus
Leo de Matheo
D. Mulinar
Adam de Burda
Ar. de Subilia
Joannes Marcha
Peceli
O. Inzingnosus
Matheus filius Remenardi
Dauid
Al. de Belica sive Belissima
M. de Berta
Vitalis de Liprando
Miro de Trinoga
Jacobus Conas
A. de Riuola
Warnerius Pilipar
Jacobus Vivilla
Cancianus Ludic
Ludo de Matelda
D. Boccasinus
M. Magister
D. Miriz
Matheus de Contaffia
B. de Topista
Cancianus Bonaldus
Marquardus de Sobogna
Cresius filius Saluie
D. Marcheso
N. Butina

Dominico de Prima
Liepardus
Justo de Daniotta
Agino de Sinesia
Justus de Sonde
Dominicus Pisaz
P. de Contaffia
Venerius filius Gaudi
H. filius Peniolf
D. Malinfante
Jo Salamon
Wido
Joannes Strago
P. filius ejus
Colomanus Capellario
Albericus frater Natalis
Dominicus filius Almerici
Selnich Calligar
Agino Bobie
Costantinus filius Goster
M. Zampar
Bosisclau
An. Magister
Jo de Leo
B. frater Gaudi
M. Zusol
Leo de Budina
Gaudi
Vizart
Agustin
J. filius ejus
Leo Maugaran
Leo de cruce de via
M. de Vmera
Vi. Pauelia
Vrso Jubanus
N. filius Cadoli
C. filius Dominici
Triesto Suteg
M. Berta
M. Baguario
J. Mulla
L. de Fabia

H. de Citta
Za. de Isola
Triest. Pauor
B. de Liprando
T. de Matelda
D. de Mariota
Jo Capellar
D. de Benedicta
B. Raffus
Ar. Tamisadro
W. filius Gostanti
Maurus de Pertolt
M. Blanc
A.de Clarissima
Dominicus Zampar
P. de Andrea de Marina
Marco de Glirosa
Matheusfilius Mariae
Jacobusde Pirisenda
D. filius Saleuardi
Vitalis Calegar
Joannes Marchas
Bertolasius
H. della Musena
Ar. Caligar
Jacobus de Porta
Filius Justini
Joannes Budina
Arpus
M. frater ejus
H. Fadena
Ripaldus
F. Tessutor
vel Textor
H. de Saluia
Joannesde Niblis
M. Bonafeber
Marin Auremo Az.filius
Armelende
W. de Topista
Wecelli de Gaselda
M. Abbatisse
Joannes Trivisan

W. de Adiuto
A. filious Almerici
Aldericus filius Matilde
Don. filius Mariote
Ottobonus Wolrize
Bertaldus filius Marcelle
H. filius Wolperii Presbiteri
Andrea Budina
Juan Mulinar
W. asgm
Zanetus
D. Capellar de Riuola
Ogerius miles
Blagelinus
Joannesde Dumina
Ludo Niblo
M. filius Auliueti
Zurman
D. de Lena
Todulfus
P. Caligar
Saumich
Rauantinus
M. filius Donati
P. Calcagno Caligar
Jo de Cola
Stefanus Faber
Zeno
P. Becabo
Jori Deluolta
Meinardus Zilous
Gheroldus
Veceli Beccar
Walter Sclauo
Artuicus Pilipar
A.Borma
Jacobus Cirus
Vitalis Nepos gastaldio
M. filius Vidonis
Joannes frater ejus
Srtanco Greblo
Lacca

Manoles
D. Mursel
Costantinus filius Artuicho
D. de Antonia
Pé. Jugator
Triest de Justina
A. Mulez
Salevardus
T. Tidadol
D.de Viuera
D.de Caborio
Berto Becabo
M. Sterperol
D.de Alfrina
Leo Mulinar
L.de Hellaro
M. Bolesta
Priebez
Baron Niblo
Ludo
Lampo
Al. de Adela
P. filius Venerio
Beren filius Alfenie
Jo Girda
Dominicus Jacobus
Venerius filius Ripaldi
Hettich Marin, filius
Coloman Ros
L. Carboneso
Jo frater Arborio
B. della Curte
Tristan
D. Frater Girardini
P. de Ingaldeo
Vitalis Gastaldo
Petrus judex
Wodolricus judex
Maurus
Dietiemarus
P. de la Porta
C.de Carotto

M. de Offo
Ca Faber
Anton de Azzo
Almericus de Ghenano
Az. Murator
Paganus
Ca. Burda
Leo de Jema
Wismanus
Leo Ceruo
Bernardus
Leo de Feltro
A. de Dobriza
F. de Liuto
ldo
Leo Corgna
Zanitinus
Dominicus
F. de Melenda
Lannis
B. de Jema
B. de Hellaro
M. de Justa
A. Berta
Mar. Bonfilius
D. de Laurentio
Justinus
V. Ramfo
Jacobus Gardina
Ve. Canzarosa
R. Faber
C. Piot

Bernardus de Pirisenda
M. Saleth
B. Susol
Vidotus
Za. Cacarin
Sebosselau
L. sine bragis
B. Taiaburse
R: de Grumaz
M. Cigot
Leo de Drocha
Zarlo
Vrso Magister
Ve. de Sancto Salvatore
Justus de Vedra
M. Rablo
D. Zalco
D. Curiuet
A.Ros
B.de Piderna B.Portonar
Witman
D.mesalto
D.Butigna
Henricus de Armelenda
D. de Donato
Jo de Diedemma
R.Zuilet
Thode Prezathen
Justus de Todolfus
Cost. Mancula
Codol de Laurenza

Cussì i crociati i lassa Tergeste tuti contenti, i passa per Muia, per tute le altre città de la costa, i ciapa Zara (e i la neta de bruto) e i se presenta a Costantinopoli, che però ghe sbati la porta int'el muso. Dimenticadi i musulmani de Gerusaleme, i veneziani vol ciapar sta grande cità sul Bosforo e cambiar imperador metendo su un che sia più cocolo con lori e comincia l'assedio. In pena un per de giorni i crociati riva a far un buso nei muri de la cità e andarghe drento, ma el sucesso xe durà poco, perchè co i stava per tratar la resa, l'imperator Alessio V, quel che ghe stava sui corni ai veneziani, ga fato riparar i muri e tuto xe tornà come prima.

Ormai iera l'ano 1204 e ancora i crociati, che gaveva perso un mucio de omini, i stava fora de la cità a ciapar piova. Un giorno però i riva a butar zo le porte e i riva a entrarghe drento: xe la fine. Costantinopoli vien ciapada, sachegiada e i abitanti massacrai. Un mucio de tesori vien portadi via: i veneziani se ciol per ricordo i quatro cavai de bronzo, propio quei che i xe ancora sora San Marco, e i altri crociati se porta via miliaia de reliquie sacre, che i taca a vender in giro per tuta l'Europa fazendose un mar de bori.

L'alabarda de San Sergio conservada a Trieste

No xe sicuro, ma forse a la crociata xe andà anca un triestin e magari el xe andà drento la granda ciesa de Costantinopoli dedicada a San Sergio e forsi el ga visto un toco de fero che i diseva esser la lancia del santo martire e soldà. Cussì, per no saver né leger né scriver, el ga pensà de ciorse un ricordo anca lu'...

EDDA VIDIZ

LE TREDICI CASADE
(el tredicesimo secolo)

El secolo XIII xe sta' quel che ga visto la nassita, el 2 febraio 1246, de la *Vetustae Nobilitatis Tergestina Congregatio*, che saria a dir la "Confraternita nobiliare di San Francesco", che saria come la "Congrega de le Tredise Casade", che i soliti tergestini remenela i ghe diseva "I Nobili del Mocolo", sia per farla più curta, sia perchè sti nobili iera i soli che podeva portar i mocoli (i ceri) ne la Procession del Corpus Domini.

Lapide de San Francesco, Patrono delle XIII Casade, che 'na volta la iera in una capeleta in porton del Convento dei Padri minoriti de Tergeste, demolido ne la prima metà de l'Otocento.

La Congrega xe stada fondada vizin del Convento dei Padri minoriti (in quela che ogi ve xe Piaza Hortis) da tredise famee, che le diseva de esser le pronipoti del "Gran Sangue Romano". La Congrega no podeva gaver più de quaranta de lori, no i ga mai voludo missiarse con altre famee nobili e, serada come tante altre nel 1773 da un'ordinanza de l'imperator Giuseppe II, la xe finida del tuto nel 1918 co l'andada a sburtar radicio de l'ultimo de lori, Antonio barone de Burlo.

La storia de le Tredise Casade la xe ben ligada a quela de la cità, dato che le se ga per zentinera de ani ben sistemade nel Consilio de la Città.

'Ste famee le cioleva per esempio le regole del tempo prima de quel "feudal", in quela volta che se gaveva formado la nobiltà europea. Sti mati diseva che i loro veci i iera dei romani e che, talqualmente i meritava de esser lori i esponenti de la Cità, dato che i iera le famee più vecie vegnude de 'ste parti... defati, nel 1506, co zinquanta patrizi tergestini i se ga oferto come scorta nobile a Bianca Maria Sforza, che l'andava a Viena a sposar Massimiliano I, i xe stadi contentadi e cussì la loro Congrega la xe stada riconossuda come nobile.

Quei che fazeva parte de le tredise famee, che ben o mal i xe stadi sempre ben sistemadi in Consilio e che i ga avù per tante generazion cariche publiche, i iera orgoliosi de far parte de 'na "latinità" che ne la storia de Tergeste se ga confrontado 'ssai volte col mondo tedesco. Ligadi a la nostalgia de i tempi andadi, no i ga savudo cambiar coi ani, e cussì i xe restadi, ne la imaginazion de la gente, come le vere radise de Tergeste.

La Congrega de le Tredise Casade xe una riminissenza conossuda de tuti, perfin de storici ilustri, za de 300 ani e passa, e la xe parte de 'na storia tuta nostra. Difati, in città vecia, ghe xe ancora qualche casa co 'l stema de 'ste famee, che le xe tute ricordade nei nomi de le strade e 'l suo roson el xe ben in mostra propio co se vien drento el Castel de San Giusto. Per de sora, ne la Ciesa de la Beata Vergine del Socorso in Piaza Hortis, ghe xe un altar ciamado de le Tredici Casade, che ga de sora scolpidi tuti i stemi de lori. Difati xe stade proprio 'ste famee a regalar a la ciesa i novi altari de marmo al posto de quei veci de legno.

Le Tredise Casade le ne compagna in tanta parte de la nostra storia, tropo spesso dismentigada a favor de quela meno vecia, fata de tanti altri personagi ilustri ma no de sicuro tergestini, a scominziar de Maria Teresa per finir a Sissi e Ceco Bepe, ai quai no ghe se devi cior gnente, ma che de sicuro no i xe "tuta" la storia de Trieste.

I NOBILI DEL MOCOLO

ARGENTO

No se sa ben de dove che vien 'sta importante famea, che fazeva parte de la Congrega de' Nobili de San Francesco o de le Tredici Casade. El nome el vien del latin "argentum" (denaro, o meio ancora: argento).

Paroni de grande vigne a Barcola e anca de tante case, i Argento i ga int'el albero de famea omini de grando valor. Per dir un per, nel '500 el conte paladin Giusto de Argento, diplomatico de Corte a la Sublime Porta, e nel '600 el baron Piero Bonifacio de Argento, Capitan de Fiume. La famea ga cessà de esister nel 1820.

BASEJO

El nome Basejo (o Baseggio) xe de origine grega (basileus, re) ma, su sta famea, xe 'ssai poco de altro de dir.

Un dei più ilustri omini xe sta, nel '500, Giovani de Baseggio, consilier de S. A. Arciduca Ferdinando I. I Baseggio i iera paroni de vigne in Scorcola e in Carso, vizin a Monrupino. A Tergeste i stava in contrada del Malcanton, par che i gabi cessà de esister nel

'600. Una de le tori scoverte dei muraioni de la cità, che fin a metà '700 i girava tut'intorno de Tergeste, iera ciamada Tore dei Basegi. I Baseggio per squasi zinquanta ani (1464-1513 zirca) i xe stai capi del famigerado Tribunal del Malefizio o *Bancus Maleficiorum* de Tergeste.

De 'sta famea se sa 'ssai poco, a parte che i gaveva messo radise no solo a Tergeste, ma anca a Muia e Capodistria. Un solo dei Belli val la pena de nominar: quel Cristoforo che xe stado omo de letere e ga avudo un importante sistemazion in Comun. I Belli a Tergeste i stava propio in quela casa drio del palazo del Comun e i ga cessà de esister ai primi del '600. Al tempo de l'ocupazion de Venezia, nel 1509, un zerto Boncine de Belli (Giudise e Retor e po Vicedomino) xe stado obligado a scovar la Piaza Grande co la bandiera imperial, perchè ribel. Finide le guere tra Veneti e Imperiali, Omobon se ga dedicado a star drio de le sue bestie in quel de Catinara.

Xe certo che i Bonomo i iera la più importante e forsi la più conossuda de le Casade triestine. Par che i fossi vignudi de la Lombardia (sto nome xe popolar ne le parti del bresciano e del cremonese). I Bonomo iera conossudi sora de tuto per esser stadi per 'ssai tempo i paroni de Ricmanje (San Giusepe de la Chiusa), un logo vizin a la Val Rosandra. Piero de Bonomo

(1458-1546) el xe considerado anca 'desso l'omo più importante de tuta la Congrega de' Nobili de San Francesco: lu' xe stado vescovo de Tergeste e gran cancelier e capo del consilio de Corte. Dei Bonomo esisti ancora sul cole de Terstenico una bela vila del '700. La casada ga cessà de esister nel 1862.

BURLO

Quei che i ga resistido più a longo (fin al 1918) xe stadi i Burlo, forsi rivai de la Toscana, che i se ga sempre 'ssai ben sistemado nei posti de comando de Tergeste. El più importante fra i lori omini xe stado, nel '400, Domenico de Burlo, ambassiador del Comun a Venezia in ocasion del tratato de pase fra Venezia e Tergeste dopo l'assedio del 1463 a scapitada de Tergeste.

La famea xe stada parona, nel '500, de quela casa de Barcola conossuda come Amicorum Hospitium, dove par gabi vissudo anca Enea Silvio Picolomini, che po el xe diventado papa col nome de Pio II. I Burlo i gaveva anca un palazo in via dei Capiteli nel rion de Cavana.

CIGOTTI

No se sa ben quel che i ga fato i Cigotti, forsi vignudi de la furlania.

Poco se sa de le loro case, e gnanca ben el giorno che i ga cessà de esister, che par sia stado verso la fin del '600. Quel che se sa xe che la famea Cigotti, co xe rivada la peste a Tergeste nel 1600-1601, ga avudo un gran numero de defonti. Squasi tuti i Cigotti i iera paroni de vigne, e qualchidun de lori ga 'vudo bone sistemazioni in Comun, come quel Antonio de Cigotti (1480-1564) che xe stado nominado notaio publico de l'ilustre vescovo Piero de Bonomo, e che po el xe diventado vicedomino e Giudise Retor.

GIULIANI

I Giuliani i pol esser consideradi quei che ga fondado el rion de San Giacomo a Tergeste, 'ndove i iera paroni de un mar de tera e 'ndove, ai primi del '600, Didio Giuliano de Giuliani - scampado per miracolo a la peste del 1600-1601 - ga fato costruir una cieseta in onor dei santi Giacomo e Roco. El più conossudo de sta famea, che xe sta' anca l'ultimo a 'ndar sburtar radicio, xe sta' Antonio de Giuliani (1755-1835), omo de letere e filosofo, scoverto fra le scartofie, pena nel '900, de Benedetto Croce. Dei Giuliani esisti a Tergeste, in via del Malcanton, 'na casa 'ssai vecia, che, sora dei muri, la ga ancora le vecie piere co i stemi de famea.

LEO

Famea fra le più importanti de le Tredise Casade, i Leo i ga sempre avudo bone sistemazioni in Comun e i xe stadi paroni de un mar de case e, fra lore, del bel palazeto de Cavana, che 'l xe ancora in pìe come museo. Un omo importante de 'sta famea, che la xe finida nel 1814, xe stado Piero Ricardo de Leo, vissudo nel '600, consilier de la "Reggenza dei Giurisprudenti" in Graz e "segretario aulico". Sui "Libri

Consiliorum", conservadi ne l'Archivio Diplomatico, se trova scrito un fato de cronaca nera riguardo a 'sta famea. Difati Andrea de Leo, Vicedomino, Giudise e Retor de la città, xe stado mazado nel 1507 per man de un tal Daniele de Rubeis.

PADOVINO

Famea vignuda de Padova, cussì almanco se pol indovinar del nome, i Padovino (o Paduini) i ga gavudo sistemazioni poco importanti ne la vita de la città. No se pol gnanca negar che i gabi ancora qualche nevodo in giro pe 'l mondo. Difati Andrea Biagio de Padovini, che par fussi l'ultimo de lori, ai primi del '700 el se ga trasferido a Napoli, in servizio del Marchese del Vasto. Se sa che in quela città el se ga sposà, ma del 1731 no se ga savesto più gnente de lu'. El Padovino più conossudo xe stado Marco de Padovini el qual, anca se 'l iera za stado fato "chierico servente" del prete su l'altar, ga butado la flaida a le ortighe e 'l xe tornà fra i omeni de mondo.

PELEGRINI

La famea meno conossuda de sta Congrega xe quela de i Pellegrini, che i se ga fato un mucio de schei co quel che ghe rendeva le campagne sul Carso. Quel che se trova scrito su de lori int'ele carte xe 'ssai poco e per sta ragion xe stado, a dirla s'cieta, più che difizile poder contar tal qual i loro fati. I Pellegrini i stava nel rion de Riborgo. Giuseppe Giovanni Maria de Pellegrini (1568-1626) xe stado l'ultimo de lori a Tergeste.

El iera notaio e "alfiere cesareo" del castel de San Giusto. Sposado con Camilla Bottoni che ghe gaveva dado quatro creature, tute 'ssai presto defonte. A sto punto no ghe iera più nissun a portar avanti el nome de la famea.

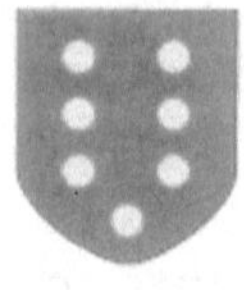

PETAZZI

No se sa ben perchè trascurada dei storici tergestini, la famea Petazzi inveze ga dado al Comun omini de tuto rispeto. Benvenuto Baldassarre de Petazzi (1593-1643), ciambelan e consilier imperial, nel 1622 el ga ciolto el castel de Swarzenegger, co 'l titolo de conte de San Servolo, per lu' e per i sui eredi. Altro bon omo de la casada xe stado Leopoldo Giuseppe Annibaldo de Petazzi (1703-1772), nominado vescovo de Tergeste nel 1740 de Sua Maestà Cesarea co la benedizion del papa Benedetto XIV. Dopo el '500 i Petazzi i xe vissudi squasi sempre fora de Tergeste. L'ultimo de lori xe defonto nel 1817 a Sesana (Slovenia).

STELLA

In pratica fin a la fine del '400 no ghe esisti carte su sta famea, e anca dopo no ghe ne xe de star 'legri. Par che a Tergeste i gaveva un quartier vizin de l'Arco de Ricardo e che i iera paroni de vigne a Scorcola - Roian. I Stella i se ga fato bezoni co' quel che ghe rendeva le campagne, ma no i ga 'vudo bone sistemazioni in Comun, e gnanca fato falope de cronaca nera che meriti de contarghe al popolo. L'ultimo nato de sta

casada, Giuseppe Antonio de Stella, xe andà a sbur-
tar radicio nel 1726.

TOFFANI

La Casada dei Toffani xe stada la prima de le Tredise Casade a ritirar-se in bona pase del mondo, za a la fin del '500. Sta famea se ga fato i bezi co le saline, che i gaveva fra Servola e 'l valon de Zaule. Un tal Nicolò de Toffani xe stado mazado "vitima del furor popolar" ne l'agosto del 1468 co a Tergeste i se patufava filoveneti e filoimperiali. La Casada (a parte i Toffani emigradi a Capodistria e entradi a far parte de quel Consilio Nobile) la ga finì de esi-ster a Tergeste nel 1597, co Tristano de Toffani, ul-timo de 'sta famea segnado int'el "Libro d'Oro". Per no dismentigar i Toffani, ghe xe stà dado anca el nome de lori a 'na strada del rion de Greta.

Come se vestiva i tergestini del 1300. De sx. Consilier, giudise, muleria che i la vestiva come i grandi, un precone (banditore del Comun) e una baba che no la par propio una cliente de Missoni.

Momenti rievocativi de vita tergestina: artigiani al lavor e "bagordo" dei citadini per esser pronti a difesa dela cità

ALTRE CASADE TERGESTINE NEL XIV SECOLO

Ade

Tanti de sta famea iera persone importanti come vicedomini, esatori e notai. Tra i altri ricordemo Michele Ade, che xe sta' vicedomino nei ani 1324, 1327, 1329, 1330, 1332, 1334 e 1335 e cancelier nel 1322. El xe sta' giudice nel 1328 e nel stesso ano el xe sta' anca tra i deputai del Magior Consiglio dela città per tratar con Ugone de Duin, capitan dela contea de Gorizia, un acordo de pase. Fin del 1316 i Ade i gaveva 2 case in Riborgo (Benvenuto e Pascolo) e 6 case in Cavana (Nicolò, Michele, Nasinguera che ne aveva due, Datulo e Netulo).

Baiardi

Tra i Baiardi ricordemo Rantulfo, giudice nel 1311 e nel 1328, ano in cui el ga trata' una vertenza contro el podestà Febo della Torre. El ga partecipa' al tratato con Ugone del 1328 e el xe anda' a sburtar radicio 'torno del 1362. Altri componenti dela famea iera notai e esatori dei dazi, e poi ghe iera un Rolando, canonico e caniparo del Capitolo nei ani 1364 e 1368 e po decano nel 1371.

Nel 1316 i Baiardi i gaveva 2 case in Castel (Rantulfo e Tomaso), 2 in Cavana (Tomaso) e 5 in Mercato (Vitale, Mengosio, Rantulfo, Iurio e Matteo che però par che ghe la gaveva za dada).

Henreurico

Un Valesio de Henreurico ga fato parte del Magior Consiglio e xe sta' stimatore del comun nel 1330 e nel 1345. Xe stado cancelier nei ani 1338, 1340, 1341, 1343, 1345, 1347 e vicedomino nel 1346 e nel 1360. Giroldo, su fradel, xe sta' procuratore generale nel 1328.

De Iudicibus

Tra i vari nomi ricordemo Giusto che xe sta' cancelier nei ani 1325, 1328, 1329, 1340, 1344 e 1352 e fonticaro nel 1347. Nel 1345 el fazeva parte del Consiglio dei Sapienti e el xe sta' acusado de gaver insultado alcuni coleghi. Poi ghe iera Montulo, che ga gavudo do fioi: Florino, morto intorno al 1358, e Natale, entrambi processi per ati de sedizion nel 1327.

Nel 1316 i gaveva ste case: 2 in Riborgo (eredi de Montulo e Bernarda), 2 in Mercato (Aveçuto e Valesa). Aveçuto iera anche titolar de diverse decime.

Gremon

Famea de notai publici come Hiusto che xe sta' Cameraro nel 1328 e nel 1330 e po vicedomino nei ani 1335, 1336, 1337, 1339 e 1342. Bartolomeo xe sta' vicedomino nel 1349, nel 1355, nel 1357, nel 1359, nel 1362 e nel 1363. I Gremon xe stai presenti anche del Capitolo dela Catedrale.

Nel 1316 i gaveva 9 case: 1 in Riborgo (Nicolò), 1 in Arena (Pietro), 2 in Cavana (Giusto e Andrea) e 5 in Mercato (Andrea, che ne gaveva 4 e Francesco che ne gaveva 1).

Masclus

El più famoso membro de sta famea iera sicuro Amiço, cancelier nei ani del 1320 al 1358 per ben 10 volte. Stimatore nel 1329, notaio del Banchus Maleficiorum nel 1343 e nel 1359 e po vicedomino nel 1341 e nel 1354.

Nel 1316, la famea gaveva una casa nei dintorni del'arco de Riccardo e 2 in Cavana (de cui una che iera de una baba).

Munar

I ga ricoverto cariche publiche e i ga fato parte del Capitolo dela Catedrale. Nel 1316 i gaveva 2 case in Cavana (Tosulo e Montulo) e 1 in Mercato (Laurencius).

Mesalti

Alcuni membri dela famea ga coverto cariche publiche, come Zario che xe sta' cameraro nel 1322 e stimatore nel 1339, o Mesalto che xe sta' cancelier nei ani del 1322 al 1335, per 5 volte vicedomino nel 1336 e stimatore nel 1328. Un Leonardo xe sta' notaio del Banchus Maleficiorum nel 1360, e un Bartolomeo xe sta' vice domino e cancelier per tante legislature. Nel 1351 Nicolò Mesalti xe sta' mandaà in Friul con 25 stipendiari.

Raviça

El nome che torna de più nei documenti del XIV secolo xe quel de Enrico, che xe sta' vice domino nei ani del 1334 al 1345 per ben 13 volte. Altri membri dela famea xe stai notai publici e un Dominico xe sta' tavernier.

Nel 1316 i Raviça i gaveva una casa in Riborgo.

Rubeis

Ghe xe stade 2 famee con sto nome, de cui una che rivava del distreto. El primo nome importante xe quel de Giroldo, el primo de sti notai publici a saltar fora nei registri dela serie conservada nel' Archivio Diplomatico. El suo nome se lega ai Ranfi perchè nel 1314 el xe sta' delegado del comun a tratar le quistioni relative ai beni dela famea bandida dela cità, quistion che xe andada 'vanti per tanti ani, almeno fin al 1350, co el se ga ocupà dela dote per la fia de Giovanni Ranfo che se sposava fora Tergeste. Nel 1327-28 el xe sta' Caniparo dela fabrica dela Catedral. Un Lazaro Rubeo ga partecipà, nel 1350, ala comission istituida del Comun per darghe contro a una banda de ladri che sbisigava intorno dela cità.

Nel 1316 i Rubeis i gaveva 4 case in Riborgo (Francesca, Giroldo e due case i eredi de Grisio) e una in Mercato (Zancolo). I iera titolari anca de diverse decime.

EL DISASTRO DEI RANFI
(el 1300)

No se sa cossa che xe nato, ma qualcossa de bruto devi esser per forza capitado. Tut'int'un i tergestini ga scrito nei Statuti de l'ano 1318 che quei de la
famea dei Ranfi doveva 'ndar fora de Tergeste e no
farse più veder. Se qualchidun vigniva de ste parti
se podeva mazarlo e le babe brusarle.

Ma sti Ranfi, chi i iera? De quel che podemo leger sui documenti, doveva esser na famea piena de
bori, de case e de fioi. I iera in tanti e tuti i stava ben.
El mas'cio più importante de la famea iera sto Marco, che iera omo de governo de la città e anca bubez
del vescovo. I fioi de Marco gaveva combatù in Friul
pe 'l conte de Gorizia, amigo de famea, e le babe gaveva sposà tergestini siori e in vista.

Tuto qua, ma i storici ghe ga ricamà per de sora.
Chi ga scrito che Marco iera Templare, ma forse el
ga visto Voyager... un altro disi che Marco voleva
che i vescovi i tornassi a governar la città in logo
del Comun, un terzo parla de Venezia e ancora un
disi che Marco lavorava in segreto col patriarca de
Aquileia. Tuto somà: solo ipotesi.

La più intrigante xe quela che vol che Marco,
oramai potente e batù de amizi ben intenzionai,

volessi ciapar la carega più importante de tute, farse Signor de la cità, come a dir che cussì gavessimo gavù i Medici a Firenze e i Ranfi a Tergeste. Magari i gavessi pagà pitori e scultori per farse veder, ma anca per far più bei i palazi e più rica la cità... basta insognarse!

In ultimo, a leger novi documenti veci, se podaria pensar che se tratava de na bega de famea: morto Marco, tute le robe andava divise tra i fioi e lora xe comincià el remitùr. Sti qua se coreva drio per la cità co le spade e per i poveri tergestini 'ndar fora de sera cola putela iera diventà pericoloso. El Comun ga fato un ragionamento: se li mando fora tuti per "turbativa della quiete publica" e "attentato alla sicurezza della città" ghe beco le case, i soldi e me libero de na famea con trope ambizioni. E cussì xe stado. Anche questa xe un'ipotesi, xe vero, ma forse xe andà sul serio cussì e, del resto, xe capità altre volte che a gente agitada i ghe brusassi el paion.

Ghe xe capità cussì anca a un mato che 'l se vantava de gaver vù confidenza co tute le molie dei consilieri del comun: el xe sta mandà de boto al bando per "decoro"!

G. Gatteri. *Marco Ranfo traditor dela patria
vien ciapà del popolo.*

Anca se poco se sa e poco se savarà, sta storia tragica de Marco Ranfo se la ga sentida contar fin de l'ano 1318, co nel libro dei Statuti de Tergeste la xe stada publicada nela Rubrica XXV del secondo libro dei Statuti de Tergeste:

"RUBRICA DE RANFIS
ET EORUM SEQUACIUM"
"Statuimus et ordinamus quod quicumque tractaverit de dando auxiliumconsilium et favorem Ramphis er eorum sequacibus..."

"...Decretemo e ordinemo che qualunquedun zercherà de dar 'iuto, consei o 'na man ai Ranfi e ai loro associadi messi al bando del Comun de Tergeste o manderà letere a lori o ai lori associadi o rizeverà de 'sta banda qualchi letera che no sia portada al Dominio o al Comun de Tergeste, che 'sto qua perdi tute le sue robe e la libertà, e se un o l'altro de sta banda no se poderà caturar, el sia bandido per sempre de la città de Tergeste e tute le sue robe sia dade al Comun.

I Ranfi, sia mas'ci che femine, e i lori eredi e i lori associadi, i sia bandidi per sempre de la città de Tergeste, e se quei che i xe stai messi al bando i dovessi cascar in man del Comun, che el Dominio de Tergeste, presente in quela volta, se fazi dover de taiarghe la testa a quel, o a quei, che i gaverà podudo ciapar, fina che la testa sia separada del busto e che i mori, e la dona che la sia brusada.

E se qualchidun mazerà un dei Ranfi, el gabi del Cameraro del Comun de Tergeste 400 lire de picoli veneti. Se inveze 'l presenterà vivo qualchidun dei Ranfi o de la sua banda, ghe se dia 200 lire de picoli. E se qualchi omo de quei messi al bando del Comun de Tergeste a ragion de qualchisia bando, a parte quel de omizidio - e questo val ugual per i associadi dei Ranfi che per altri omini bandidi - mazerà qualchedun dei Ranfi, o dei sui nevodi, che 'l possi liberamente tornar a Tergeste e restarghe e sia libero e liberado dal dito bando e sta roba sia in spezial modo dovuda per chi gabi mazado Ranfi mas'ci.

E che Ranfa e Clara, sorela e fia del fu Marco Ranfo, le sia radiade e bandide del Comun de Tergeste e che Agnese, sorela de lore e molie de Almerico Galina, no la possi mai più tornar a Tergeste e anca che tute le done che seguissi o gavessi seguido i loro marì Ranfi o i associadi dei Ranfi, le sia bandide del Comun e no le possi vegnir a Tergeste e le robe lore tute le sia dade al Comun. E che ogni Podestà, nel tempo de la sua carica, fazi leger sta disposizion do volte l'ano nel'Arengo publico, soto pena de cento lire de picoli ogni volta che 'l mancheria de farlo.

Giuseppe Tominz. *La catura de Marco Ranfo*

STATUTI DEL 1350

Ma cossa xe sti Statuti? Gavemo visto che i Ranfi xe stai condanadi a "norma de Statuto" perchè i tergestini i ga fato una lege solo per lori, lora i Statuti xe un ciapo de legi fate dei citadini. Sì, ma miga solo de lori!

Nel Medioevo dei Comuni ogni città gaveva sti Statuti, che iera libroni che no ve digo, tuti in cartapecora e magari anca co pupoli pici, che i ciama miniature. Insoma: i Statuti iera come i codici de dirito de ogi ma 'ssai più bei.

Se un va in Archivio Diplomatico, quel de la Biblioteca Civica, el pol veder i Statuti e el ghe ne trovarà adiritura tre pe'l Trecento: el primo, più vecio, del 1318, el secondo, più bel, del 1350 e 'l terzo, più lofio, del 1365. A noi ne piasi quel del 1350. El xe diviso, come tuti sti libroni, in quatro parti. La prima ve disi come iera aministrada la città, la seconda ve parla del "Maleficio", che saria a dir dei deliti e altre robe penali, la terza del civile, che saria barufe del tipo: "go ragion mi! - No mi", e l'ultima dei dazi e de altre varie robe che vigniva in amente a sti qua quela volta. No dovè pensar che i Statuti diseva tuto! Ghe iera el dirito comun, quel roman, e anca quel germanico e dopo anche quel che nasseva de le "abitudini e consuetudini", che se gaveva formà nei secoli.

I Statuti riguardava le legi per Tergeste, che in certo modo cambiava qualcossa, in particolare, qua de noi. Ma no xe de sicuro sto qua che ne pol interessar, se no semo grandi studiosi de dirito! A noi ne piasi verzer sto libron del '300 perchè drento incontremo i tergestini de quela volta, coi vestiti sui de lori, co le espressioni del momento: rabiai, severi, alegri, indiferenti... ogni figura de sti Statuti, infati, mostra un personagio. I vestiti che i ga xe cussì ciari che quei del'Associazion de le Tredici Casade li ga copiai tal qual come i iera. No solo, come che ve disevo sti personagi xe tuti diferenti e par che sia quasi i ritrati dei nostri concitadini de l'epoca, e qua ve femo incontrar un per de lori.

Pagine del libro dei Statuti de l'ano 1350

CAPILETERA DEI STATUTI
COI RITRATI DEI CITADINI

Precone   Matrimonio   Cittadino

Galeotto   Falconiere   Scrivano

Vescovo   Flagellante   Pescivendolo

Costumi tergestini del 1300 de l'alto verso destra:
Cancelliere, Guardia di Palazo, Villico, Popolana

I VENEZIANI I ROMPI LE TOGNE
(intorno al 1367)

Per tuto el XIV secolo el Comun de Tergeste, che se gaveva comprado la libertà del "dominio" del vescovo e, nel 1318, se gaveva dado i Statuti, el doveva lotar roba de mati per la sua libertà.

Strenta tuta in giro dei potenti vizini, la cità la doveva barcamenarse, a volte coi uni e a volte coi altri, per zercar de no dover cascar int'ele grinfie de i uni o de i altri. Sti potentadi i iera: el Patriarca de Aquileia, i Conti de Gorizia, i Asburgo e, più lontan, i Ungaresi.

Ma el più grando nemico che minazava Tergeste iera Venezia, che la se tegniva come la parona del nostro mar. Basteria vardar la lista dei Podestà de Tergeste del XIV secolo, per veder che sti mati iera 'na volta furlani e 'na volta veneziani, a seconda de la sielta de campo che i tergestini credeva fussi meio de volta in volta, xe a dir che a Tergeste tuto dipendeva de la situazion politica in alto Adriatico.

Al'inzirca a metà del XIV secolo, Tergeste ga tocà la zima del suo star ben. Difati propio in quel tempo xe stadi fati i lavori de la Catedral de San Giusto e se ga riparado tuti i muraioni, che i Veneziani i gaveva fato butar zo a la fin del '200. I tergestini i se sentiva sicuri de lori, dato che i gaveva boni raporti con Venezia (del 1350 sin al 1367 i Podestà iera stadi veneziani) e col Patriarcato e che quei siori de toscani i gaveva portado in città un mucio de bezi sonanti. Xe sta' forsi per sta ragion che i tergestini se ga sentì cussì forti de sfidar Venezia, anca pensando de poder esser iutadi dei patriarchini, ma anca dei conti de Gorizia e dei cararesi de Padova, che i iera anca lori nemici de Venezia.

Xe stà cussì che a la fin del 1367 i tergestini, finida la podestaria del venezian Nicolò Polana, i se ga sielto un podestà furlan. I tergestini se ga rifudado de rizever la bandiera de San Marco, anca se, come ogni ano, no i gaveva mancado de giurar de esser fedeli a la Serenissima. Una pegola drio l'altra ga fato scopiar la guera nel lulio del 1368, co 'na barca tergestina xe stada fermada e sequestrada, vizin Duin, de una fusta veneta. La barca ga zercà de scampar, ma la xe stada ciapada e caturada proprio nel porto de Tergeste. I tergestini i xe insorti e i ga liberà la barca sequestrada dei veneziani. Venezia la ga risposto butando fora de le sue tere tuti i tergestini e metendo dure condizioni a Tergeste, obligada anca de rizever e meter fora in bela vista ogni ano la bandiera de la Republica veneziana in ocasion de la Pasqua.

Ai tergestini no ghe ga per gnente piasso come 'ndava 'vanti sta question e, co Ludovico Falier xe rivado de Venezia co la bandiera de San Marco, i xe saltai su e i ghe la ga strazada. Venezia ga risposto co la guera.

IN TEMPO DE GUERA OGNI ARMA XE BONA

El 24 dicembre del 1368 le barche veneziane, comandade de Creso da Molino, che 'na volta el iera stado Podestà de Tergeste, le se ga ben pulito presentado in golfo de Tergeste in quel che, de tera, rivava i soldai veneziani coi loro aleati furlani e istriani, guidai de Domenico Michiel.

Le navi veneziane tien soto tiro Tergeste

A la domanda dei tergestini de esser iutadi ga risposto solo el conte de Duin, el conte de Gorizia, el conte de Rifemberg e 'l conte de Pietrapelosa. Poca roba a confronto de l'esercito venezian, stimado, forsi co' esagerazion, in ben ventimila omini.

In ogni caso l'assedio no 'l xe cominzià gnente ben pe' i veneziani, dato che i tergestini i ga fato diverse sortide, tanto che i assedianti i xe stai costreti persin a tirar su una bastida (fortilizio) per difenderse de sti indemoniai de tergestini.

El tempo iera brutissimo e nel campo dei veneziani ghe iera tanta aqua e fango de poderghe far nudar i bisati. I soldai i stava mal e i diseva che, se l'inverno el saria continuà in quel modo, no i gaveria podudo resister, e za ghe iera qualche diserzion. A la fin de dicembre, profitando del remitur che ghe iera nela bastida veneta, i assediadi i la ga atacada con una sortida de disperai. A la fin, persi un ciapo de omini fra morti e feriti, i tergestini se ga dovudo ritirar fracto capite (co' la testa rota), come che el Michiel ga fato raporto a Venezia.

Dentro Trieste iera rimaste si e no cento milizie a fianco dei citadini, ma gnanca per 'l Michiel la ghe bateva ben.

El comandante venezian el doveva pensar de liberarse anca de do spini sul fianco: i castei de Moncolan (Contovel) e Mocò. El castel de Moncolan controlava la strada che vegniva del Friul e che portava i viveri in cità. I veneziani i se ga preparà 'ssai ben per ciaparlo e i xe rivadi a farlo la matina del 25 febraio 1369 perdendo un mucio de omini. De rimando i tergestini con una sortida i ga ciapà el castel de S. Servolo, che 'l iera in man ai veneti, fazendo parte a tocheti e parte prigionieri i militi che lo presidiava.

El castel de Mocò, grazie a la sua bona posizion, el gavessi podù dar grossi dispiazeri ai veneziani se el suo comandante, Astolfo Peloso, no 'l gavessi subito alzà bandiera bianca per gaver in scambio la libertà e diventar lu' el paron de casa.

I assediadi i iera sempre più circondadi, bersaliadi de tera e de mar, e ogni ora del giorno e de la note i doveva lavorar ale fortificazion e ale mura butade zo dei tiri dei assedianti. I sperava de resister, ben serai nela loro disperazion e con la sola speranza che qualchidun li ciolessi come fioi de anima e li salvassi de sti malegnasi de veneziani che, intanto, i gaveva tirado su una seconda bastida de difesa. A sto punto però i tergestini se ga sentido abandonadi de tuti e, co' el poco de magnar che an-

G. Gatteri. Anche le done combati dei spalti e le ripara i dani fati dei veneziani ale mura de Tergeste.

cora ghe restava, i stava cuzi e ziti a lavorar senza mai fermarse.

L'ostinazion dei tergestini ga 'ssai impressionado el Senato venezian, che no'l iera 'bituado a trovar una cussì granda resistenza ne le sue guere, cussì che el Michiel xe stado riciamado a Venezia e processado per no gaver savù far ben el suo mestier. El xe sta sostituido de Paolo Loredan, che, furbo lu', el ga pensà ben de no far un ataco in piena regola, che podeva farghe perder un mucio de omini, ma de strenzer ben l'assedio a la città blocando ogni via de entrata e de rifornimento.

A sto punto i tergestini, visto che nissun dei Signori italiani ghe gaveva dado aiuto, i se ga rivolto ai duchi Alberto e Leopoldo d'Austria, ofrindoghe la completa dedizion de la città, con vera pegola però, perchè i Asburgo i ga acetado ma, dopo una dura batalia coi veneziani soto i muri dela città, i ga

levà le tende e i xe ripartidi co' le pive int'ei sachi sanguinadi.

Oramai le mura e le case de Tergeste le iera distrute, un mucio de citadini i gaveva tirado i crachi, per no parlar dei gati e sorzi finidi tuti in pignata za de giorni e giorni, tanto che anche el mato del paese el gaveria capì che l'ultima ora iera sonada e la partida persa. Cussì, dopo ben undici mesi de assedio, el 17 novembre del 1369 i tergestini i ga alzado le man. Quaranta citadini dela parte antiveneziana, giudicadi responsabili dela guera, i xe stadi mandadi in esilio. El giorno drio Paolo Loredan entrava a Tergeste ala testa de mile balestrieri e de quatrocento cavai. Ma Tergeste se gaveva difeso a la grande e la sua resa no xe stada per armi ma per fame.

Ai grandi luti e dani, se ga zontà el tradimento dei duchi d'Austria che, siben gavessi giurà ai tergestini che, acetada la loro dedizion, no i li gaveria mai rivendudi a Venezia, i se ga magnà la parola e, dopo la batosta ciapada soto le mura dela cità, li ga messi int'el saco rivendendoli ai veneziani per 75.000 fiorini "de oro bon e giusto peso", fazendo l'afar.

L'assedio venezian ga taià le ale a Tergeste, dove xe seguida una pesante ocupazion. La bela xe che i veneziani, per far rigar drito i tergestini, i xe stadi costreti a tirar su ben do castei, quel de San Giusto, in zima del cole, e quel ciamado "Amarina", tra el mandracio e 'l palazo del Comun, e a tignir in cità un presidio militar con un gran numero de soldai perchè i tergestini i iera, come che se disi, "bruti gati", tanto che i do castei iera stadi costruidi no per difender la cità ma... per difenderse lori propio de sti malegnassi de tergestini.

Altra roba de no creder, siben el gavessi ciapà quel popò de batosta militar nela difesa de Tergeste, el stesso duca Leopoldo d'Austria el xe stado eleto conte d'Istria. Sto fato ga determinado la presenza de forze contrarie a Venezia tut'intorno ai sui confini e sburtà el Patriarcato de Aquileia, i conti de Gorizia, l'Ungheria e i Asburgo, con la zonta de Genova e dela Dalmazia, a fondar una lega antiveneziana, che xe finida drita drita nela Guera de Chioza.

DE MAL IN PEZO, ORCO TRON!

Dopo esser stada per ben dodise ani soto el dominio venezian, nel 1380 Tergeste se trova de novo in mezo a una guera: la guera de Chioza. Una guera combatuda, tra el 1379 e el 1381, dela Republica de Genova (aleada con el Patriarca) contro la Republica de Venezia. De prima i genovesi i iera rivadi a conquistar Chioza e gran parte dela laguna de Venezia, ma dopo xe andà a finir co' la vitoria final dela Serenissima che xe rivada a ribecarse Chioza e le città dela laguna e istriane cascade de prima in man ai genovesi.

Finidi i acordi coi genovesi, el Patriarca 'l xe partì per riconquistar Tergeste con un grando esercito de baroni e soldai furlani e l'apogio de trentaoto galere genovesi.

Riconquistado facilmente el castel de Moncolan, el 16 giugno l'esercito del Patriarca e la flota genovese i xe rivai soto le mura e nel porto de Tergeste, metendola de novo soto assedio. La cità, che stava ancora subiando soto el dominio venezian, no la se ga ribelado subito ma, inveze, soto el comando de l'odiado podestà Donato Tron, la se ga messo a fianco del presidio venezian ciapando financo in man le porte e l'ordine interno dela cità. Non iera passadi gnanca diese giorni de assedio co xe sta fato un misterioso tradimento, diventado coi secoli seculorum la legenda metropolitana più famosa de Tergeste.

Dovè saver che 'l Donato Tron iera un fior de manigoldo, ladro e, se ocori, anca assassin e sua molie, come che i diseva, la iera pezo de lu. Se i veneziani gavessi voludo sburtar i tergestini a brazacolo dei genovesi, no i gavaria podudo far de meio. E defati, co i genovesi i se ga acordado col Patriarca de Aquileia per rivar a Trieste sia per mar che per tera, i tergestini mandai in esilio dodise ani prima, ma anca gran parte de quei restadi a tirar 'vanti soto i veneziani, i ga pensà ben che iera ora de liberarse de quel delinquente de Tron e magari anca far veder che i se ga liberà de soli senza dover dirghe grazie a nissun.

Nassi cussì la legenda metropolitana medioevale de Tiner, el can de Donato Tron. Dovè saver che sto podestà gaveva un can che 'l iera forsi l'unico essere vivente al qual el ghe volessi ben sul serio, ma tanto sul serio che sto can iera cocolà e vizià più che un fio: iera l'unico punto debole de Donato Tron e i tergestini pensava de poderlo doprar contro de lu, ma come? I veneziani, come gavè visto prima, gaveva un grossa guarnigion e do castei e sui muri de la cità e ale porte ghe iera solo lori, nissun podeva entrar o andar fora de Trieste, e men che mai quei tergestini che iera stai mandai in esilio perchè i iera contro Venezia. Sti qua spetava, sconti fra i grembani, l'ocasion bona per sburtarse in cità e solevar el popolo contro quel manigoldo de podestà, ma le porte le iera serade e ben sorveliade. E qua i tergestini ga fato una pensada de quele giuste. I se ga messo in contato col cancelier del podestà, che 'l iera amico dei tergestini perchè el gaveva un parente ne l'esercito del Podestà. Sto qua, co la scusa de farghe far el solito giro al can, lo ga fato sparir e po el xe corso de Donato Tron disendoghe che Tiner xe scampà fora de na porta de la città e che sicuro el xe in pericolo de morir de fredo e de fame. Donato Tron se ga agità tantissimo: ma come, el suo can che el ghe vol tanto ben e come el farà senza... Subito el se ga cavà l'anel col sigilo de Podestà e 'l ga mandà el cancelier a far verzer la porta per far tornar drento el can. El cancelier, che se gaveva acordado coi tergestini de fora, se ga fato verzer la porta e 'l ga ciamà do volte: "Tiner, Tiner!": iera el segnal per quei, che no spetava altro. Subito i tergestini sconti fora de le porte i se ga sburtà drento, i ga disbratà le guardie veneziane e i xe entrai in cità fazendo un casoto cussì grando, che tuta la popolazion se ga messo insieme e insieme i ga ribaltà i veneziani e Donato Tron. La città xe stada liberada e 'l podestà xe sta messo in canon. Ma i tergestini i iera cussì inferozidi che i ga tentà de tirarlo fora per farghe la festa. Cussì, per no far imbilar ancora de più i veneziani, no xe restà altro che tornarghe indrio el Tron insieme ala molie e a Tiner. Rivai ne la Serenissima, Donato Tron e la molie i xe stai condanai anca là perchè i iera sul serio na maniga de delinquenti e no solo a Trieste! No savemo se Tiner xe morto de veciaia o de un colpo in testa de qualche inviperido venezian, ma semo sicuri che a Trieste, co ne capita qualcossa de storto o semo rabiai, ancora ogi ne scampa de dir: "Orco Tron"!

CHI MORI RIPOSA E CHI VIVI SE DÀ PASE

Dopo ani de guere e devastazion le batalie, che dopo la metà del XIV secolo ga insanguinado el confin oriental de l'Italia, xe finide el 24 agosto del 1381 co' la pase de Torino. A sta pase ga partecipado: i veneziani, paroni del mar, el re d'Ungaria, invoiado de diventar imperador, la Republica de Genova, nemica giurada de Venezia, i Signori de Padova, quei Carraresi che per tanti ani i ga fato a gara co' Venezia per impadronirse de le pianure venete, e a la fin, no de zerto ultima de le tante cità e loghi interessadi a la pase, Tergeste che, voluda de tuti, ga riavudo co la pase la libertà.

Del longhissimo documento, scrito in latin, la parte che se riferissi ai raporti tra Venezia e Tergeste e 'ndove se conferma che i veneziani rinunzia completamente a esser paroni de la cità giuliana xe messa zo in sto modo:

"Cussì che tuto quel che (i veneziani) ga gavudo de le tere per mezo de ocupazion o concession sia considerado per possedudo come che iera prima de la guera. A ecezion de tuto quel che ghe partien a la città de

Tergeste e ai castei de Mocò e Moncolan, co tute le lore tere e vile, e che i sora scriti Doge e Comun de Venezia i libera per sempre de ogni dirito de esserghe paroni, che su de lori i gaveva...”

VIVA L'A... E PO BON

In quela volta, i tergestini no saveva ancora che l'Austria ga capuzi che no se pol magnar e cussì, per salvarse de i veneziani e del patriarca de Aquileia, e magari de altri ancora più prepotenti, i ga sielto de meterse soto la protezion del duca Leopoldo III el Lodevole, che iera duca de l'Austria.

Ma perchè, se domandarà qualchidun, se no i saveva gnanca l'austriacan? Xe sta che i conti de Gorizia, quela volta amizi del duca, gaveva taià le strade comerciali che portava verso Lubiana, de dove rivava a Trieste i mercanti e sora de tuto el gran. No xe sta verso de farghele verzer de novo: gnanca el re de Ungaria xe rivà a convinzer el conte. Per de sora i veneziani, come gavemo za visto, i voleva a tuti i costi gaver anca Trieste, dato che i gaveva in man l'Istria e Muia. Defati, durante l'assedio del 1368-69, i tergestini i gaveva zigà "iuto!" de tute le parti, zercando de farse dar 'na man dei Carrara de Padova, del Patriarca, dei ungaresi: gnente, el solo a dirghe de sì iera sta propio Leopoldo. Però i rinforzi mandai del duca i xe stai disbratai in un amen dei veneziani e cussì el "lodevole", come gavemo za visto, ga pensà ben de far pase disendoghe al doge: "Scoltime ben, mi me tiro fora e te lasso Trieste, ma con un picio sburto forsi fazo prima...", e 'l se ga russà col police l'indice: un segno che val per tuti i loghi e tuti i tempi. El venezian ga fato un do conti e, sicome ghe andava ben cussì, el duca ga ciapà i bezi e el doge ga ciapà Trieste. La fin la xe andà come savemo, ma i tergestini no podeva far de meno de zercar la protezion del duca d'Austria, dato che lu oramai 'l controlava tuto el teritorio torno la cità, e pei tergestini star seradi drento senza magnar e bever e far comercio saria stà come 'ndar fuc' in un amen.

A sto punto i ga sielto, dopo un longo tibidoi, de zercar de novo la protezion del duca Leopoldo III d'Asburgo. Come sempre duri de comprendonio, dato che za la volta de l'assedio veneto del 1369 i se gaveva dado a Leopoldo, e sto toma li gaveva comelfò vendudi a Venezia, impipandose de esser el paron de la cità. E cussì a la fin de l'istà del 1382, i tergestini i ga mandado i loro ambassiatori a Graz, che, daghe e daghe, i xe rivadi a convinzer Leopoldo de diventar Signor de Tergeste e, el 30 setembre 1382, xe sta' firmà l'ato de acetazion dela donazion de Trieste al'Austria.

Ma i tergestini i xe stai coli, perchè i ga gavù la protezion rivando anca a convinzerlo de lassarghe una certa autonomia: el duca doveva mandarghe un capitan per la difesa e i processi penali e i tergestini doveva mandarghe a Graz zento (100) orne de bon vin Ribola, che po saria Proseco, che za in quela volta iera 'ssai ben considerà. Come a dir che el 30 setembre del 1382 co'na bona bevuda se ga tuto sistemà per 536 anni.

La dedizion però la ga dado motivo anche de malumori, che no savemo de cossa i xe nati, pur gavendo notizia dela gravità de la situazion in quanto no xe stadi risparmiadi bandi e morti mazadi. Fato sta che i citadini se ga solevà contro i preti in tal modo che, nel 1384, l'Arcidiacono de Dominicis, primo uficial del Vescovo, xe stà impicà "per le cane de la gola". Grando remitur devi esser nato in città, dato che nela stessa letera, che informava dela dedizion Ugone de Duino, a l'epoca Capitan ducale de Treviso, ghe se domandava de vegnir urgentemente a Trieste per far terminar i disordini dentro la città.

Cesare dell'Acqua. *La dedizione di Trieste alla Casa d'Austria.* Ciivico Museo Revoltella.

EDDA VIDIZ

A LEOPOLDO... TANTO DE CAPEL!

Leopoldo III d'Asburgo, duca d'Austria (Vienna, 1 novembre 1351 – Sempach, 9 luglio 1386), fio del duca Alberto II d'Asburgo e dela contessa Giovanna von Pfirt.

Leopoldo III ga 'vu 'na fia, Margherita, e quatro mas'ci: Guglielmo, duca de Stiria e de Corinzia, Leopoldo IV d'Asburgo, Ernesto I d'Asburgo (ciamà "el Ferreo"), duca de Stiria e Carinzia, e Federico IV d'Asburgo ("dale scarsele svode"), conte del Tirolo. El sucessor de Leopoldo xe sta' el "Ferreo" Ernesto, po su fio Federico III del Sacro Romano Impero, e po el fio de lu', Massimiliano I del Sacro Romano Impero.

Nel 1365 Leopoldo eredita del fradel Rodolfo I el Sacro Romano Impero insieme a l'altro fradel, Alberto III d'Asburgo. Fradei sì, ma no propio cul e camisa, tanto che nel 1379 i se dividi i possedimenti: Alberto se tien i teritori de l'Austria, Leopoldo ciapa su el Tirolo, la Stiria, la Carinzia, la Carniola, le marche sudorientali, che ogidì xe la Slovenia, l'Istria e quanto restava dele tere asburgiche in Germania meridional e in Svizera.

Nel 1382 Leopoldo III ricevi, per la seconda volta, la dedizion dela cità de Tergeste, mai stanca de darse la zapa sui pìe, che de sua sponte lo nomina Signor de Tergeste per tirarse via dei pìe la pegola dei Veneziani.

A Leopoldo, come a chi tropo vol e gnente strenzi, no la ghe xe andada tropo ben perchè per ingrandirse ancora de più el Ducato, el dichiara guera ai Federati Svizzeri de Lucerna, Zurigo e tanti altri. Una longa guera che finirà co' la batalia de Sempach, dove el finissi per ciapar sì un fià de tera, ma solo quanto basta per andar a sburtar radicio, dato che 'l xe sta' mazà el 9 lulio 1386 propio in quela batalia vinta, gnanche a dir, dei Svizzeri che i iera i più cativi sul mercato.

Ala batalia de Sempach in Svizzera, Leopoldo se ga portà drio anca i tergestini (diventai de 'desso in avanti triestini) insieme a tanti altri soldai dei sui domini, che no sarà stai miga tuti contenti de combater per fati che no iera de casa propia.

Ben bon, Leopoldo, in testa al suo esercito, cavalcava su pel monte verso el lago de Sempach, seguido del ciapo de cavalieri e daur de lori domila soldai a pìe che, la logica vol, senza mezo de locomozion, i iera rimasti ben indrio.

Rivai a un canton del monte, vara là che combinazion, tutintun i cavalieri i se ga trovà visavì i Federati, pronti per la scazotada, con domila fanti e alabardieri in posizion de vantagio. La bela xe che l'onor dei cavalieri de l'Asburgo no ghe permeteva de ritirarse per star insieme ai pedoni, anche se, in quel caso, i gaveria gavù anche modo de vinzer. Per no perder l'onor (ma anche impossibilitadi de voltarse e corer indrio coi cavai), sti sempioldi i xe smontai e, cussì in armatura che i iera, senza scarpe comode e soto un sol che scotava le piere, i ga afrontà el nemico.

El capo dei Svizzeri, un tal Piero de Grendoldingen, el ga atacado a cugno, rinforzà anche de novi arivi. El gonfalon de l'Austria iera portado de Pietro de Arberger. Xe nato remitur, Leopoldo ga sentì zigar "salvite Austria salvite" e 'l ga visto tentenar el Gonfalon, cussì xe corso 'vanti per veder cossa nassi e... Dio ghe ga brazà l'anima!

I Federati i ga fato i soliti spoianegai e po, come mama lo ga fato, i ga messo el povero defonto in una Capeleta de campagna, andove la famea xe andà a ciorlo per portarlo nela tomba de famea a Konigsfeld.

K. Jauslin. *Bataglia de Sempach.*

CHI CHE ACETA PER PIAZER, PAGA PER DOVER

Noi, Duca Leopoldo, riconossendo come grazioso regalo la pacifica ubidienza, gavemo acetado e inserido le qua scrite norme, maniere e obedienze e co lore e co tuti i abitanti de la città e del distreto, come qua soto xe contegnudo.

El Duca se impegna a difender la città, le sue tere e i sui castei, le robe e la vita de tuti i citadini, contro qualchisia pericolo. El garantissi de no vender la città de Tergeste. Tampargnam Leopoldo III manderà a Tergeste un suo capitan, al qual la città pagherà 4000 lire de picoli (i bori che se usava in quela volta). El capitan el farà rispetar i Statuti del comun tergestin. Al Duca ghe anderà metà de qualunquesia multa fata ai citadini, dei dazi, de le dogane e dei altri tipi de tasse. Tute le robe esportade de Tergeste le pagherà el dazio al Duca fora del vin Ribola.

Nel'istessa maniera, de ogni roba che riverà per mar a Tergeste, se pagherà la tassa, fora de quela roba che entra per mar e i citadini e i abitanti i dopra e i consuma per lori stessi, talqual frumento, sal, vin, ua, e altre robe magnative, robe che devi esser intieramente libere de tasse. Qualunqueduna bestia anderà fora de la cità de Tergeste e del distreto per andar in altri loghi via tera, la sarà gravada de dazio, muda e dogana. Le bestie, i asini e altri che vien drento Tergeste e nel distreto via tera, per esser usade dei omini, a meno che no le vadi de altre parti, le devi esser completamente libere de tasse.

I citadini de Tergeste, i lori eredi e nevodi i doverà tuti i ani, nel giorno de San Giusto martire, che casca nel dì 2 de novembre, dar a Noi, ai nostri eredi e nevodi ne la cità de Tergeste, come regalo dovudo ogni ano, cento orne de vin Ribola de la meio qualità che se poderà gaver in quel ano.

Cussì, oltra al Doge de Venezia i tergestini ga dovudo dar el vin anca al Duca d'Austria!

ATTO DI ACCETTAZIONE
DELLA DONAZIONE DI TRIESTE ALL'AUSTRIA
ADDÌ 30 SETTEMBRE 1382

Nel nome del Signore, Amen. Noi Leopoldo per la grazia di Dio Duca d'Austria, Stiria, Carintia e Carniola, Signore della Marca, e di Pordenone, Conte di Asburgo, del Tirolo, di Ferrete e di Kiburgo, Marchese di Burgovia e di Treviso, Landgravio di Alsazia.

Riconosciamo e confessiamo per Noi, pei nostri eredi, e pei nostri successori presenti e futuri, che i nobili, sapienti e fedeli a noi dilettissimi, il Comune, il Consiglio ed i Cittadini della città di Trieste, considerando i carichi grandi ed insopportabili della città e le oppressioni che ebbe a soffrire finora per il frequente cangiamento di dominio siccome è notorio; considerando che i patti e le convenzioni coi quali diedero al patriarca di Aquileja, il Reverendissimo Padre in Cristo Marquardo or defunto, ed alla sua chiesa, la città ed il distretto di Trieste, sieno stati manifestamente violati ed infranti; considerando inoltre che confinando alcune terre e distretti e domini nostri col loro territorio possiamo difenderli più validamente che qualunque altro principe e potentato; considerando precipuamente che alcuni progenitori nostri di buona memoria godevano nella città di Trieste buoni diritti e li esercitarono, i quali non immeritamente si rinnovano in noi per successione ereditaria, hanno inviato gli onesti e sapienti Adelmo dei Petazzi, Antonio de Domenico, e Nicolò de Picha Procuratori della città e del distretto di Trieste, Sindici, Nuncii ed Ambasciatori a ciò legittimamente ed insolidariamente costituiti con pienezza di poteri chiamando Noi in loro vero e naturale Signore e Principe e coll'aiuto di Dio in precipuo difensore della detta città, dei castelli di lei e del distretto, degli abitanti e dei distrettuali, siccome appare da pubblico strumento del comune e della città di Trieste sigillato col sigillo della Comunità, e consegnatoci dai sopradetti Procuratori e Sindici.

Noi Duca Leopoldo riconoscendo come benefizio grazioso la placida loro obbedienza abbiamo accettato ed ammesso gli infrascritti articoli, modi ed osservanze con essi loro e con tutti gli abitanti della città e del distretto, siccome qui sotto si contiene.

Noi Duca, gli eredi e successori nostri dovremo governare, mantenere e difendere la città ed il distretto di Trieste, ed i castelli, tutti i cittadini e gli abitanti, i loro beni e possessioni in qualunque parte si trovino contro qualunque persona, siccome facciamo degli altri nostri fedeli e sudditi, e siccome abbiamo consuetudine di fare; Noi non venderemo la predetta città di Trieste, i di lei diritti e pertinenze a nessuna persona fisica o morale, né li obbligheremo, affitteremo, daremo in enfiteusi o feudo in qualsiasi modo; Noi anzi non alieneremo dalle nostre mani e potere la città, i castelli, il distretto, dovendo rimanere in perpetuo inviolabilmente attaccata al Principato e titolo dei Duchi d'Austria.

Noi Duca, i nostri eredi e successori avremo ed abbiamo il diritto di preporre alla città di Trieste il Capitano a nostro beneplacito, quantunque per le usanze il Capitano della città si potesse cangiare ogni anno; volendo riservato a Noi, ai nostri eredi e successori, di tenere in carica il Capitano fino che piace a Noi, a meno che non sia meritevole di venire cangiato per cause ragionevoli.

Il Capitano da Noi deputato dovrà tenere presso di sè due Vicari idonei periti dei sacri canoni e delle leggi civili siccome sompagni, e tenere famulizi, come è disposto dagli statuti e consuetudini di Trieste. Il quale Capitano percepirà dal Comune e dal Consiglio di Trieste quattro mila lire di piccoli per onorario suo e dei suoi. Sarà dovere del Capitano di reggere, governare e mantenere fedelmente la città ed il distretto, i cittadini e gli abitanti secondo li statuti e le consuetudini di Trieste; i quali statuti e riforme dovranno essere valide e ferme anche pei posteri senza dolo e frode.

Per le sentenze del Capitano, dalle quali si vorrà appellare, il Consiglio di Trieste dovrà due volte l'anno, cioè alla fine di ogni sei mesi, deputare Sindici ed Officiali idonei, i quali abbiano a pronunciare secondo gli statuti e le consuetudini, se la querimonia sia giusta.

Di ogni condanna pecuniaria, delitti, eccessi, multe, in qualunque modo avvenute in Trieste, la metà integra spetterà a Noi siccome a naturale Signore. Le condanne suddette, il vino di cui più abbasso, i dazi, le gabelle, le dogane ed altre esazioni che spettano al dominio di Trieste, si esigeranno da quelli che Noi, i nostri eredi e successori troveranno di deputare ed esigerli; però la metà delle condanne dovrà passare al comune di Trieste affinché possa pagare l'onorario di 4.000 lire al Capitano, e dare a Noi ed ai nostri eredi e successori l'annuo tributo del vino di cui si dirà più abbasso; e possa pagare i salari dei medici e degli ufficianti di detta città, riparare le mura, le porte, le strade e provvedere ad altre necessità.

Noi, i nostri eredi e successori avremo la potestà di imporre alla predetta città dazi, mude, gabelle, dogane e di esigerli a nostro piacimento entro o fuori delle porte d'essa città, però colle seguenti condizioni: di tutte le merci che verranno esportate dalla città di Trieste per la via di mare, si pagheranno li dazi, le mude, le gabelle, le dogane al nostro dominio, eccettuato il vino di Ribolla, pel quale non si pagherà cosa alcuna.

Similmente di ogni mercanzia che verrà a Trieste per la via di mare si pagheranno le imposte, eccettuato ciò che si introduce in Trieste per la via di mare per servire all'uso e consumo dei cittadini e degli abitanti, come frumento, sale, vino, uve, ed altri commestibili, i quali generi devono essere totalmente esenti. Qualunque animale sortirà dalla città di Trieste e dal distretto per portarsi in altre regioni per la via di terra, sarà soggetto al dazio, muda, dogana. Gli animali, somieri ed altri che entrano per la via di terra nella città di Trieste e nel distretto per uso degli uomini, purché non si trasportino in altre parti, devono essere totalmente esenti da imposta.

La città, il comune, ed i cittadini di Trieste do-

vranno e devono scegliere il Consiglio, gli Officiali, ed Officianti secondo gli statuti e consuetudini della città di Trieste.

I cittadini di Trieste, i loro eredi e successori dovranno ogni anno nel giorno di San Giusto martire, il quale cade nel dì 2 di novembre, dare a Noi, ai nostri eredi e successori nella città di Trieste a titolo di censo annuo cento orne di vino Ribolla della migliore qualità che si potrà avere in quell'anno.

Fino a che i due castelli di Montecavo e Moncolano verranno custoditi a spese di Trieste, il Capitano nostro si farà dare giuramento corporale dai custodi che ogni mese verranno mandati dai cittadini, che dessi coi castelli saranno fedeli ed obbedienti alla nostra magnificenza, ai nostri eredi ed ai nostri successori, e ciò si osserverà fino a che prenderemo in consegna detti castelli, e vi destineremo alla custodia altre persone.

Per ultimo la detta città ed i di lei abitanti non verranno minimamente impediti nei loro introiti e redditi, nè aggravati più di quello che sopra fu detto, se pur ciò non avvenga a domanda nostra o dei nostri successori, e di beneplacito dei cittadini e distrettuali.

Noi Duca Leopoldo tutte e singole le cose soprascritte abbiamo approvato ed approviamo, di certa nostra scienza per noi, pei nostri eredi e successori ricercando l'onesto notaro ed i nobili infrascritti a voler sottoscrivere le presenti in testimonianza di verità.

Dato e fatto nel nostro castello di Gratz, nella sala ducale l'anno del Signore mille trecento ottantadue, indizione quinta, il dì ultimo di settembre all'ora dei vesperi o quasi, in presenza del Notaro pubblico infrascritto, del Reverendissimo Padre in Gesù Cristo Federico vescovo di Bressanone, Cancelliere della nostra Curia ducale; degli egregi e valorosi Goffredo Mulner, ed Enrico Gessler vassalli della nostra Curia ducale, e Magistrati della camera, di Giovanni Rischach e Flach vassallo e nostro Consigliere, dei provvidi e discreti Conrado Impiber, ed Andrea pievani nel detto Vico, nella Marca presso Sittich delle diocesi di Seckau e di Aquileja, e di molti altri testimoni chiamati e pregati specialmente per quest'atto.

Sigillo del duca Leopoldo III

SOTTOSCRIZIONI DEI NOTAI

Ed io Paolo del fu Ulmano da Castelrut, chierico della diocesi di Bressanone, Notaro pubblico per autorità imperiale, a motivo che Burkardo de Stain della diocesi di Costanza per la stessa autorità pubblico Notaro è impedito da altri gravi negozi, pregato da lui con grande diligenza e insistenza di assiterlo nella scrittura di questo stromento lo scrissi tutto di proprio pugno, lo ho redatto in questa pubblica forma, e vi apposi il segno del mio Tabellionato in testimonio della verità, così rogato da ambedue le parti.

Io Burkardo di Stain al Reno, diocesi di Costanza, Notaro giurato per pubblica autorità, fui presente a tutte le singole sopra esposte, mentre si trattavano ed a richiesta d'ambedue le parti lo ho redatto nella presente forma pubblica, ma impedito da altri ardui affari feci scrivere il presente instrumento da altra persona, la di cui scrittura io approvo come fosse mia propria, e riconosco che il suggello del suddetto illustrissimo Principe fu appeso al presente stromento in certezza e migliore evidenza delle cose premesse.

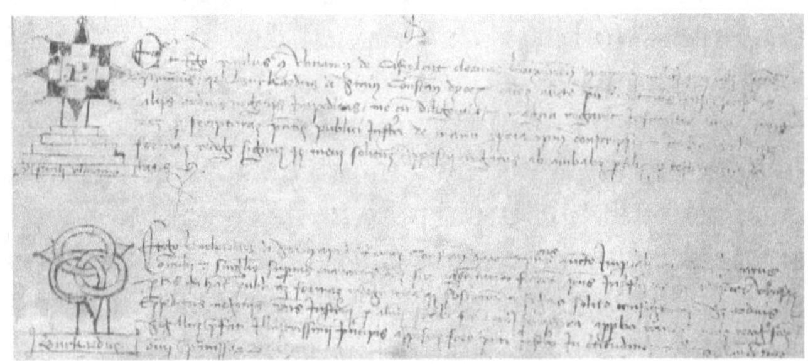

Firme originali dei due notai.

EDDA VIDIZ

E 'VANTI E INDRIO CO' LE STRAZE
(dopo del 1400)

Dopo, Trieste ga continuà a cresser ma no ga mancà motivi de star in pensier: ne l'ano 1427 xe stada de novo la peste, ma nel 1436 Federico d'Austria vien a trovarne e le robe comincia a cambiar in tuta Europa. Nassi i grandi stati nazionali e i re vol contar sempre de più. Nel 1464 Federico III ghe dà a Trieste un novo stema al posto de quel co l'alabarda bianca in campo rosso. Desso el stema de la cità xe sempre l'alabarda ma el fondo xe bianco e rosso: i colori dei Asburgo. Dopo un'altra peste che fa fora un quinto dela popolazion, forse stufi dei capuzi che no se pol magnar, 'na parte dei triestini se ribela, ma la risposta no se fa 'spetar. Trieste vien ocupada e, per darghe na lezion, i austriaci la meti a saco, che saria come a dir che i porta via più roba che i pol. No basta, de ste parti riva anca i Turchi che i riva persin a darghele ai veneziani vicin l'Isonzo. Ma i triestini xe gente dura: apena i sa che i Turchi xe soto Mocò, i vien fora de la cità e i ghe da 'na bela rata. Sti Turchi però no ga pase: i va e i vien come che ghe par e piasi, ma gnanca i veneziani no i sta boni. Venezia xe in guera co' Massimiliano I d'Asburgo e cussì i veneti vien de novo a Trieste, ma per poco. Nel 1511, stufi de tute le volte che 'l castel de Mocò xe andà 'na volta ai veneziani e po de novo ai austriaci, el Comun decidi de butarlo zo e come che i lo ga spianà cussì ogi lo vedè: xe piere fin zo in val Rosandra... Nel Cinquecento se sta za meio ma xe sempre barufe pei confini con Duin. I veneziani i torna nel 1599 ma dopo i ga altro de pensar perchè comincia la guerra dei Uscocchi o de Gradisca. Comincia el '600 e 'l comincia mal co na peste teribile che però, per fortuna, xe anche l'ultima. I triestini no saveva, ma iera la peste scrita nei "Promessi Sposi".

In quel che continua la guera dei Uscochi, a Trieste i costruissi el forte de San Vito, la Sanza, e nel 1622 i Gesuiti verzi scole che sarà per tanti ani le sole in città. Nel 1624 nassi la prima stamperia de un certo Turrini, che nel 1625 publica i Statuti dela città: el primo libro stampà a Trieste. In quei ani i finissi el castel de San Giusto e nel 1660 i triestini i fa na bela colona con sora Lepoldo I, tuto de bronzo. A la fin del istesso secolo Ireneo della Croce, carmelitano scalzo, scrivi la prima storia de Trieste.

Xe nel Setecento che Trieste vien fora. Infati Carlo VI vol far comerci per mar e Trieste xe un bon porto che però se devi ingrandir. Se progeta cussì la città nova, che dopo sarà ciamada Borgo Teresian, ma Maria Teresa no ghe entra, xe sta Carlo VI a voler el porto e no solo, doveva esser anca Porto Franco e i triestini alza un'altra colona anca per lu. Dopo vien Maria Teresa che fa 'ssai per la città. La Borsa nassi nel 1755, i comerci fiorissi, Trieste diventa sempre più granda e 'l sior Panfili costruissi el suo cantier là dove ogi xe la posta granda. A la fin del '700 xe tuto el remitùr dei francesi de Napoleon, che i vien anca a Trieste e per ben tre volte. Co Napoleone va in pension a Sant'Elena, torna i austriaci.

Nel Otocento ormai xe storia che se sa: Trieste diventa un grando porto internazional e i abitanti cressi de numero come mai prima. Se fa el Teatro Verdi, se fa l'Ospedal Magior e l'Istituto dei Poveri e po la ferovia, el porto Novo, l'Aquedoto de Aurisina. E dopo? Savemo tuti come la xe andada, ma sta qua xe na storia che i ve la pol contar tanti de lori, che i la ga sentida dei lori veci o che i la ga vissuda, e che la pol contar 'ssai meio de mi. E 'lora? Meio fermarse qua e portarve inveze "a tocar con l'imaginazion" come viveva i tergestini, che qui vi salutano, ai tempi andai nel XIV secolo, con le rievocazioni storiche de l'Associazion Tredici Casade in Castel de San Giusto.

I tergestini nele rievocazioni dele Tredici Casade.

SOMMARIO

EDIZIONI BORA.LA

NARRATIVA

L'Osmiza sul mare (2016)
Diego Manna

LE CICLOMALDOBRIE

Zinque bici, do veci e una galina con do teste (2012)
Diego Manna e Michele Zazzara

Polska... rivemo! (2013)
Diego Manna e Michele Zazzara

Zinque bici e un amaro Montenegro (2015)
Diego Manna

STRAFANICI

El Pedocin (2015)
Micol Brusaferro e Chiara Gelmini

Ciacole al Pedocin (2016)
Micol Brusaferro e Chiara Gelmini

Mirella Boutique (2018)
Micol Brusaferro e Chiara Gelmini

TRIESTINISMI

Per bon, for real (2013)
Ricky Russo

Radiodrammi di coppia (2017)
Alessandro Mizzi

Monon Behavior (2017)
Diego Manna

Triestini e napoletani (2017)
Micol Brusaferro e Chiara Gily

El libro dele risposte triestine (2017)
Andrej Prassel

L'amor al tempo del refosco (2018)
Laura Antonini e Stefano Bartoli

EBOOK

Pink Parenzana (2015)
Giulia Zamarini

MUSICA

Ciano Mitraglia e il civapcicio del destino (2012)
Massimiliano "Maxino" Cernecca

Dante, Ulisse e Darth Fener (2015)
Massimiliano "Maxino" Cernecca

La galina con tre teste (2016)
Beps

GIOCHI

FRICO il gioco per il dominio del Friuli Venezia Giulia (2015)
Diego Manna e Erika Ronchin

KICIOK (2015)
Marco Englaro

BARKOLANA (2017)
Diego Manna e Erika Ronchin

www.ingramcontent.com/pod-product-compliance
Lightning Source LLC
LaVergne TN
LVHW091615170726
843492LV00007B/2430